未来のための終末論

大澤真幸

THINKING Ⓞ 019

左右社

論文

資本主義とエコロジー

大澤真幸

III 根を下ろす大地はない

IV エコロジカルな破局への対策が満たすべき二つの形式的な条件

V 資本主義の時間

はじめに

　さまざまな社会問題がある。私たちが幸福になりたいと望んだときに乗り越えなくてはならない問題や困難は、実に多数多様である。それらの中のほとんどは、誰かにとっては深刻でも、別の誰かにとってはそれほど大事なことではない。ある人の幸福や繁栄が、別の人の不幸や貧困によって支えられている場合もある。あるいは、多くの問題に関して、何が解決された状態なのかというイメージが人によって異なっている。時にそれらのイメージは対立し、互いに矛盾しあってもいるので、大きな争いが引き起こされたりもする。

　が、ひとつだけ、人類に共通の問題がある。人類どころか、地球上のあらゆる生命にとっての脅威と見なすことができる普遍的な問題が、ひとつだけあるのだ。それは、温暖化を中心にした気候変動がもたらしうる〈地球の生態系の破局〉の危機である。もちろん、この問題に関しても、より大きく影響を被りそうな人と影響を相対的には小さく見積もることができる人とがいることは確かだ。しかし、気候変動危機から無縁でいられる人や生物は、地球上にはいない。新型コロナウイルスのパンデミックは、あらためて私たちに、気候変動の問題の地球的な広がりを自覚させた。新型のウイルスに対する人間社会の脆弱性の高まりも、「人新世」の時代の、人間と自然環境の関係の急激な変化に起因しているからである。

　気候変動危機との関係では、人類は、そして地球上の生命の全体は運命共同体である。そうである以上は、この危機に対処するために、さぞアクティヴで大規模な、国境を越えた人類レベルの連帯が形成されようとしているに違いない。と、推測されるところだが、誰でも知っているように、現状は正反対である。アクティヴな人は、ごくわずかである。国境を越える連帯どころか、この問題をめぐって国ごとの争いや利己的な駆け引きがなされている。ＣＯＰ（気候変動枠組条約締約国会議）などの国際的な舞台では、「立派なこと」は繰り返し言われているが、まさに口だけであって、行動はともなっていない。グレタ・トゥーンベリが言う「ブラ、ブラ、ブラ……」である。

　どうしてそうなるのか。結論を言えば、その原因は資本主義にある。私たちは、資本主義を、決して放棄できない前提としている。資本主義は、現代人にとって、その外に出ることができない絶対的な地平となっている。資本主義というゲームを受け入れてしまうと、その中での競争や、その中での合理的な行動が優先され、そのことが結果的に、普遍的な連帯を阻む要因として作用することになる。

＊

　昨年四月に急逝された私の社会学の師・見田宗介先生は、前世紀の末頃より、つまり亡くなるまでのおよそ四半世紀の間ずっと、気候変動をはじめとする破局的な危機を迎えようとしている人類の運命を憂慮し、いくつかの著書を発表した。

それらの中で、とりわけ一九九六年に発表した『現代社会の理論――情報化・消費化社会の現在と未来』の中で、見田先生は、次のように論じている。現代の資本主義（情報化／消費化社会）は、自然環境の破壊や南北問題などを引き起こす「闇の巨大」であるが、同時に、私たちの幸福や歓びの大半をもたらす「光の巨大」でもある。資本主義のこの「光の巨大」としての側面を放棄すべきなのか。このような問いのもとで、先生はさらに、明晰で巧妙な論理をたどって、「光の巨大」としての資本主義の本質を維持しつつ、環境問題（などの闇の巨大）を克服することは原理的には可能である、という命題を証明している。

他方で、コロナ禍のただ中にあった二〇二〇年、斎藤幸平さんが『人新世の「資本論」』の中で、気候変動危機への真に有効で抜本的な対処策として「脱成長コミュニズム」なる構想を提起した。非常に広い読者に受け入れられ、反響を呼んだ斎藤さんのこの著書は、まず、現在の気候変動の実態をいくつもの具体的なデータとともにわかりやすく解説すると同時に、それまでに提案されてきた対策のほとんどがただの弥縫《びほう》策か、空理空論に過ぎないということを疑問の余地のない明快さで論証している。その上で――この本は思想研究としても非常に高い水準にあって――、マルクスの晩年の書簡や研究ノートからも示唆を得つつ、「脱成長コミュニズム」だけが破局を避けうる唯一の道であるとする。

私は斎藤さんの本を読んだとき、この本が見田先生が書いてきたことと（意図せざるかたちで）深く共振しているのを感じた。少なくとも、「脱成長」という点では、両者は完全に一致している。その上で、見田先生は、資本主義の中でそれが実現しうると論じ、斎藤さんは、資本主義の枠を越えてコミュニズムへと至らなくてはならないとしている……と要約すると、まるで二人が正反対の見解をもっているかのような印象を与えるが、両者は共鳴しあう部分の方がはるかに大きい。見田先生も、資本主義の現状を全肯定しているわけではないし、また斎藤さんも、資本主義の獲得物を全部捨てるべきだと主張しているわけではないので、両者の間に違いがあるとしても、比較的本質的ではない細部であるようにも思えた。

私は、見田先生と斎藤さんとが対話をしたら、どれほど稔りの大きい成果が得られるだろうか、と想像していた。文字通りの弁証法的な豊饒性が、そこには実現するはずだ、と。が、残念ながら、先ほど書いたように見田先生は、昨年四月、敗血症で亡くなられた（享年八四）。そこで、私が先生の代わりとなって、斎藤さんとの対話に臨んだ。先生には無断で、力不足を顧みずに、である。本号に収録した対談がその対話の記録である。

私たちの対談で特に参照されている見田先生の二つの著書、先にその名を挙げた『現代社会の理論』と『現代社会はどこに向かうか――高原の見晴らしを切り開くこと』（二〇一八年）に関しては、左右社編集部の梅原志歩さんが概要を作ってくださったので、対談の理解の助けにしていただきたい。

*

例号のように、私自身の論文も掲載している。論文では、私はもちろん、見田先生と斎藤さんの議論から刺激を受け、両者から触発されながら書いているが、その範囲を超えてかなり自由に論じている。中で、私は「裏返しの終末論」なるものを提案している。これは、見田先生——というより真木悠介先生——が、環境問題とはまったく異なる文脈で論じてきたことから、特に『時間の比較社会学』（一九八一年）からインスパイアされながら導いた概念である。

論文の中で、特に留意しているのは、次のようなことである。環境問題やエコロジーに関して、「正しいこと」が主張されるだけでは不十分である。それが、押し付けがましい抑圧のように感じられている限りは、実践には結びつかない。〈私（たち）〉は、それのための変革に、そうせざるをえないという必然性を感じるのか。そうしないではいられないというやむにやまれぬ根拠のようなもの、内発的な衝動のようなものを、〈私（たち）〉は見出すことができるのか。論文では、このことが基本的な問いとなっている。これは、見田先生が「解放の主体的根拠」と呼んだ主題である。

二〇二三年五月二十九日

大澤真幸

対談

斎藤幸平＋大澤真幸

〈脱成長〉の現代社会論

「高原の見晴らし」から「脱成長コミュニズム」へ

「現在の自分も、未来の世代も、過去から押し付けられたものとは無関係だという考えやふるまいが、環境問題を引き起こしていくのではないかと思うのです。（斎藤）」

「未来への視線は、資本主義的なもの、資本主義というものを得たことによって僕らが身につけたものかもしれないのです。（大澤）」

斎藤幸平＝一九八七年生まれ。東京大学大学院総合文化研究科・教養学部准教授。ベルリン・フンボルト大学哲学科博士課程修了。博士（哲学）。専門は経済思想、社会思想。*Karl Marx's Ecosocialism: Capital, Nature, and the Unfinished Critique of Political Economy* によって「ドイッチャー記念賞」を日本人初歴代最年少で受賞。著書に『大洪水の前に──マルクスと惑星の物質代謝』『人新世の「資本論」』『ぼくはウーバーで捻挫し、山でシカと闘い、水俣で泣いた』『ゼロからの『資本論』』などがある。

大澤　今回は斎藤幸平さんと「資本主義とエコロジー」というテーマでお話ししたいと思います。この対談をお願いした趣旨は、主に二つあります。

まず、斎藤さんの書かれた『人新世の「資本論」』の内容にかかわることです。『人新世の「資本論」』は非常にインパクトをもたらした本で、たくさんの方に読まれていますね。マルクス研究においても新しい地平を切り開かれましたが、同時に現代の社会構想についてのひとつの到達点のようなものを感じました。現在は、さまざまな観点から資本主義の限界が唱えられていますが、この本は、地球の温暖化をはじめとする気候変動との関連でそのことを問題にしています。経済成長を続けたまま、気候変動による生態系の破局を逃れるためには、二酸化炭素の排出量の伸び率と経済成長の伸び率との間を絶対的にデカップリングしなくてはならないけれども、つまり経済が成長するけれども二酸化炭素の排出量は減少するという関係がつくられなくてはならないけれども、それは、さまざまな事実から考えてどうやら不可能である。とすると脱成長の経済を実現しなくてはならないわけですが、資本主義は必然的に成長する経済を随伴する。となれば、脱成長とは結局、資本主義の乗り越えを意味していて、脱成長コミュニズムを目指さなくてはならない。これが、『人新世の「資本論」』で示されている指針です。

もうひとつは、私の師である見田宗介（真木悠介）先生が亡くなられたことに関係しています。見田先生については、この『THINKING「O」』という雑誌にも登場していただいたこともあります（14号「〈わたし〉と〈みんな〉の社会学」）。見田先生は、今となっては「晩年」という言い方をしなくてはならないことは悲しいのですが、この二十数年もの間、「現代社会の行く末」「これからの人類のあり方」について考え続けていました。斎藤さんの『人新世の「資本論」』を読んだとき、考えていることの基本の方向性が見田先生と非常に近い、と感じました。そのため、見田先生と斎藤さんとが対談したらどうだろうか、と考えたこともあったくらいです。

そういうわけで、今日は私が見田先生に成り代わるかたちで斎藤さんと対談できればと思っています。見田先生の考えを完全に再現することは難しいと思うのですが、試みてみましょう。

脱成長、あるいは「高原の見晴らし」

大澤　まず、二人の基本の方向性が似ているとはどういう意味か、具体的に確認しておきます。見田宗介＝真木悠介については、読者のためもありますので、今日の対談に必ずしも直接的には関係がない初期の仕事の流れから説明しておきます。見田＝真木の仕事は、大きく見ると三段階に分かれていて、斎藤さんの仕事との類似や関係、あるいは異同について論じたいのは、その三段階目なのですが、そこまでの流れをごくかんたんに押さえておきたいのです。見田宗介の学者としての仕事は、一九六〇年代半ばくらいから始まっていて、七〇年代半ばくらいまでが第一期です。社会学者・見田宗介の終生のテーマのひとつが、「近代」なのですが、この時期からこのテーマが前面に出ています。ただこの時期の近代というのは、実際上は、明治以降の近現代の日本です。第一期を一言でまとめると「近現代日本の社会心理」の研究ということになるかと思います。この時期の後半頃から、真木悠介というペンネームもときどき使うようになります。それから、この第一期の終わり頃に、独創的な『資本論』の読解に到達していて、これについては、斎藤さんの仕事とも関連があるので、あとで少し紹介できるかもしれません。

第二期は一九七〇年代の半ばから一九九〇年代初頭までで、「近代」というものをその外部との関係で相対化する「比較社会学」を手掛けたのがこの時期です。転機になったのは、ラテンアメリカやインドなどを旅したことで、それは文字通り「近代の外への旅」だったようです。僕が、見田宗介＝真木悠介に出会ったのはこの時期の始めの頃だったことになります。時間意識に着眼して、近代を人類史の中で相対化した『時間の比較社会学』[*1]（一九八一年）や、動物にまでさかのぼって、エゴイズムの克服可能性について考えた『自我の起原——愛とエゴイズムの動物社会学』（二〇〇八年）がこの時期の代表作で、どちら

＊1　真木悠介名義で書かれた見田宗介の著作。原始共同体、古代日本、ヘレニズムとヘブライズム、近代と、文化と社会の形態によって異なる時間の感覚と観念を比較検討し、ニヒリズムの原因となる近代的な時間意識がどのように社会構造に媒介されて形成されたか解明した。

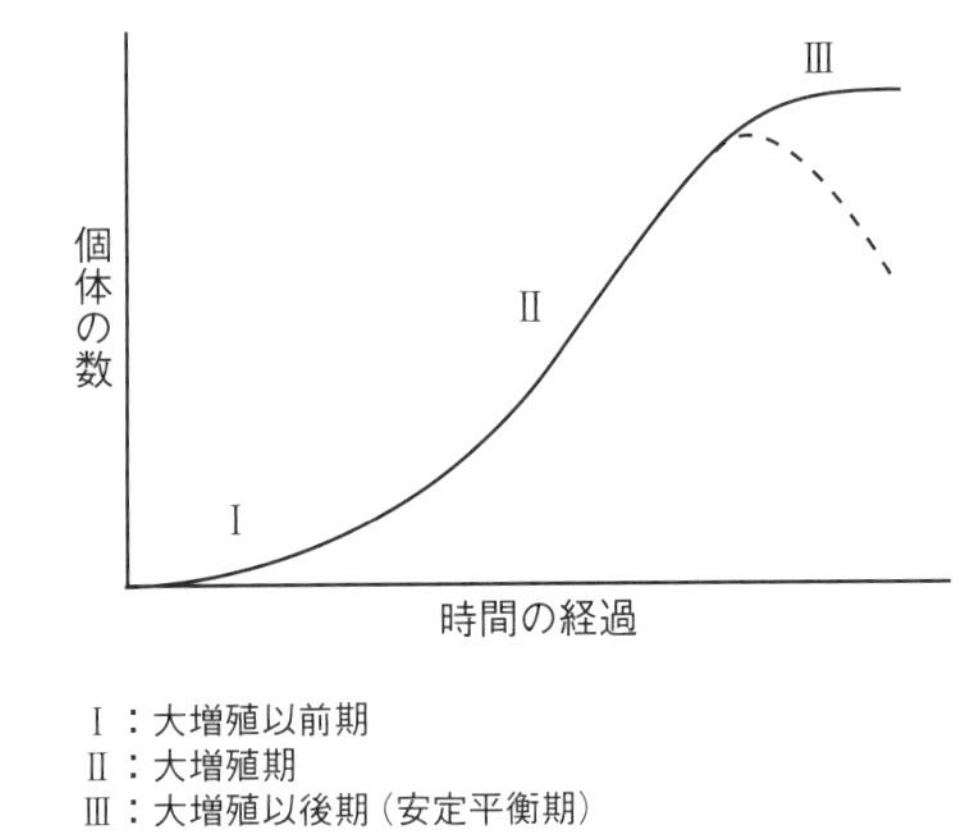

＊見田宗介『現代社会はどこに向かうか』8ページを元に作図。

も真木悠介の名で発表されています。

そして、九〇年代後半からが第三期です。ここでは、近代というものの末期的な局面に入っている現代社会の行方が主題になっています。この場合の現代社会は、グローバルな人類という観点で考えられています。第一期の「近代日本」という主題があって、第二期には、それを比較社会学的に思いっきり相対化し、その上で第三期の「現代社会」に回帰してきた、という感じです。この第三期の現代社会論の中で、見田先生は、斎藤さんの言葉で言えば「脱成長」にあたることを主張しています。これからも人類が幸福で繁栄を続けられるとすれば、脱成長が当たり前になるような社会にならなくてはならないと考えた。

今日は主に第三期に属する二つの著作、つまり見田宗介が一九九〇年代の後半に書いた『現代社会の理論――情報化・消費化社会の現在と未来』（一九九六年）と、四年前に出した最後の単著『現代社会はどこに向かうか――高原の見晴らしを切り開くこと』（二〇一八年）を念頭に置いて対談したいと思います。脱成長というテーマは、特に『現代社会はどこに向かうか』の方に強く打ち出されています。この本には斎藤さんの本ほど豊富なデータは引用されてはいないのですが、この本に見田宗介が提起し重視している「ロジスティック曲線[*2]」（右図）が、結局のところ、斎藤さんと見田との共通のアイデアを提示するのに便利なので、これを紹介することから始めます。

これは、ある一定の環境における特定の生物種の個体数の変化を表している曲線です。横軸に経過時間、縦軸に個体数をとる。すると、その環境によく適応できたどんな生物種でもこのようなS字カーブ——Sを左右から引き延ばしたようなかたちのカーブ——を描いて個体数が変化するとされています。最初は個体数が少しずつ緩やかに増えていきますが、ある時期から急激に個体数の増殖率が高まる。その後の大増殖期が過ぎると、増殖率がまた低下し、最終的には、あまり個体数が増えないほとんどフラットな状態になる。いわば増殖率が高止まりするわけです。これがロジスティック曲線です。ただこれは、環境にうまく適応できた生物の場合で、適応に失敗すると、高止まりではなく、大増殖期のあと、今度は、個体数が徐々に減っていきます。つまり絶滅へと向かっていく。

＊2　生物の個体数の変化を表すモデル。ベルギーの数学者ピエール＝フランソワ・フェルフルストが人口増加の様相を最初に定式化し、これを「ロジスティック曲線」と名付けた。その後、人口統計学者のR・パールが共同研究者のS・L・パーカーとともに、ショウジョウバエの繁殖を観察する中で実証した。

人間という動物も、地球という有限の環境の中で、基本的には同じ法則にしたがっているはずです。現在の人間は、このＳ字のどこにいるのか。「大増殖期」には、とうの昔に入ったことは確かです。ここから永遠に同じ調子で増殖していくことはありえない。近代というのは、この増殖期の後半の局面だったのではないか。そしていま、近代の後期に入り、Ｓ字の二つめの変曲点を迎えようとしているのではないか。つまり増殖期から（うまくいけば）高止まりの時期へと向かう転換期のところにいるのではないか。これが見田先生の現在に対する診断で、そのように考えるべき根拠も、この本の中でも――あるいは今日はあまり議論はいたしませんが、その前に書かれた『社会学入門――人間と社会の未来』（二〇〇六年）という本の中でも――見田先生はいくつか提示しています。すると、この第二の変曲点を上手に過ごさなくては大変なことになるわけです。もちろんロジスティック曲線をそのまま、「地球における人間」にあてはめることについてはさまざまな批判があります。見田先生もその点に関しては、『現代社会はどこに向かうか』の第五章で丁寧に反論をされ、現実に適応するときには、ロジスティック曲線をどのように微修正しなくてはならないかについて配慮を示しています。が、いずれにせよ、最も基本的な骨格となるストーリーとしては、この曲線が成り立つことは確かでしょう。

地球は無限のキャパシティをもっているわけではないですから、その環境の中で、人類がどう生きていくかを考えたときに、永遠に成長し続けることはありえません。そうなると、この曲線の端はこのあとどう推移していくことになるのか。先ほど述べたように、適応できなかった生物の場合は、カーブが右下がりになり、絶滅へと向かっていくことになります。このままだと人間もそうなる可能性が高い。ですが、まともな方向に舵を切ることができるなら、ここからほぼ平衡状態になり、安定した永続状態が訪れる。安定した状態とは、永続的な成長を必要としないシステム、つまり脱成長ということになります。見田先生はこの安定状態を「高原の見晴らしを切り開く」という言葉で表現しています。高いレベルの、先がずっと見渡せるような場所に立っているイメージです。この「高原の見晴らし」を、斎藤さんの考えている「脱成長コミュニズム」と重ねて考えることができるのではないか。

この点、斎藤さんご自身はこの二冊を読んでどのように考えていらっしゃいますか。

斎藤 おっしゃったとおり、僕もとても近いものを感じました。実は本を書いた当時は、もちろん見田先生のことは知っていたのですが、『現代社会はどこに向かうか』は読んでいなかったんです。世代的な問題もあると思います。今となっては、一度ぜひお会いしたかったという思いが強まりますね。

『人新世の「資本論」』を出したあと、見田宗介先生と宇沢弘文先生の二人に思想が似ている、と言われたことがあります。宇沢先生とは「社会共通資本」と「コモン」の概念が類似していると。実のところ、ずっと海外の大学にいたので、見田先生や宇沢先生の本に触れるようになったのは、日本で教鞭をとるようになった二〇一八年頃なんです。マルクス研究に近い廣松渉や柄谷行人は一通り読んでいたのですが。

今となってみると、宇沢、見田、あとは宮本憲一と全然違うルートで同じ結論に辿り着いたなと。彼らと共通しているのは、いま大澤先生がおっしゃったような、定常型、脱成長型社会に舵を切らなければならないという点です。中でも強く一致しているのは、『現代社会の理論』でも取り上げられているグローバル・サウスの問題です。環境への負荷を南の発展途上国、あるいは国内の沖縄のような外部へ転嫁し、収奪を続ければ、一見すると無限に成長できるように見えてしまう。しかし地球は有限なので、最終的には定常化しなければならない。この発想は完全に一致していると改めて思いました。

ただ僕の場合は、例えばグローバル・サウスの問題については、イマニュエル・ウォーラーステインの「不均等発展」や「不等価交換」などの議論を基にしています。[*3] 脱成長の話も、セルジュ・ラトゥーシュ[*4]らの話を経由して発想を得ています。あるいは、〈コモン〉はアントニオ・ネグリ[*5]経由ですね。

今回読み直して、『現代社会の理論』は一九九〇年代に書かれていますが、内容としてはまったく古びていない。逆に、この段階で定常型社会の必要性を説いているのは驚くべきことです。

だからこそ、当時こうした議論が出ていたにもかかわらず、どうしてその後十分に醸成されなかったのか、という思いがあるのですが、ここには、やはり世代的な断絶がありそうです。僕が東京大学に入ったのは二〇〇五年ですが、周りに宇沢や見田を読んでいる人はあまりいなかった気がします。不均等発展とか不等価交換といった話も完全に下火になっていました。だからこそ、こうした理論的遺産に立ち返って、私の世代やその下の世代が思想をしっかりと繋いでいく必要があると、今は感じています。

一方で、見田先生と僕との明確な違いもあります。ひとつは、僕はコミュニズムや社会主義という言葉をあえて使っていますが、見田先生はこの言葉を避けています。宇沢も、資本主義と社会主義の第三の道として、社会的共通資本を展開していますよね。やはり時代的に、「コミュニズム」という言葉を踏み込んで使うことが難しかったのだろうと思います。もうひとつは、見田先生も明らかにマルクス的な社会把握をベースにしているにもかかわらず、現代社会の話になったときに、必ずしもそのオルタナティヴをマルクスで切り開いていこうという方向性にはならなかった、という点が興味深いです。

＊3　ウォーラーステインは、近代世界システムが中核・半周辺・周辺という三層構造をもっているとする理論を提唱し、交易においては「不等価交換」が行われており、中核地域が周辺・半周辺地域から搾取を行なっていることを指摘した。

＊4　フランスの経済哲学者・思想家。著書『経済成長なき社会発展は可能か？——〈脱成長〉と〈ポスト開発〉の経済学』、『〈脱成長〉は、世界を変えられるか？——贈与・幸福・自律の新たな社会へ』などで脱成長論を展開している。

＊5　イタリアの政治哲学者・思想家。一九七〇年代には、社会的弱者による運動「アウトノミア」の中心人物として活動。マイケル・ハートとの共著『〈帝国〉』において、現代のグローバル化した世界秩序を「帝国」と呼び、その権力に抵抗する「マルチチュード」の現れと実践を構想した。

マルクス主義の新しい道

斎藤　大澤先生にお聞きしたいのですが、見田先生は、脱成長的な現代資本主義批判の発想をどこから得たのでしょうか。『現代社会はどこに向かうか』でも「コンサマトリー」[*6]や「疎外」といった用語が出てきますが、ここでは見田先生はマルクスを持ち出さないですよね。

大澤　「疎外」はもちろんマルクス由来の概念です。見田先生は、マルクスからも多くのものを得ています。先ほど見田宗介＝真木悠介の仕事を三期に分けましたが、その第一期の最後に、『現代社会の存立構造』（一九七七年）という本を書き、当時の日本の思想界にかなりの衝撃を与えました（真木悠介の名前で書いたもので、本になったのは七〇年代後半ですが、もとの論文は七〇年代前半に書かれました）。これは、『資本論』をきわめて独創的に読み解き、そこから近代社会の存立構造を説明する一般的な理論を構築した本で、そこではもちろん、「疎外」や「物象化」といった概念が重要な役割を果たしている。

「コンサマトリー」の反対語は「インストゥルメンタル」で、コンサマトリーは何かの道具になっているわけではなく、それ自体で充足的な価値をもつという意味です。「コンサマトリー／インストゥルメンタル」という対は、見田先生が発明したわけではなくて、たとえば二十世紀中盤のアメリカの非常に影響力があった社会学者タルコット・パーソンズが使っていて、見田先生もたぶんそこからとったのだと思いますが、しかしパーソンズにおいては、ほかの概念の中に埋もれた地味なものでした。この概念を取り出して、その意義を徹底的に引き出したのは見田先生なので、ほとんど独創に近い概念です。

また見田先生はもともと――とりわけ第二期の「比較社会学」を手掛けた時代には――、グローバル・サウスにある着想に学ぼうとする態度や、文化人類学的な思考を媒介にして近代的な発想を相対化するような考え方が非常に強い。この点も見逃せません。たとえば、人間と自然の関係についても、近代の常識を相対化しようという強い方向性をとっています。こうしたことが、「コンサマトリー」や「疎外」といった概念にも独特な含みを与えている。これらを総合すると、確かにこうした概念の源泉としてマルクスやパーソンズがあることはありますが、誰かから極端に影響を受けたというよりも、見田宗介＝真木悠介が自分で創造的に活用した概念だという面が強いと思います。

それからもうひとつ、斎藤さんがいま指摘されたように、前提として日本の思想と学問の系譜もおさえておく必要があります。一九七〇年代・八〇年代ぐらいには、斎藤さんの考え方に繋がりうるような考え方が、日本の思想界や学界にいくつかあったことは確かです。玉野井芳郎、あるいは先ほど挙がった宮本憲一、宇沢弘文もそうです。とこ

＊6　一般に即自充足的などと訳される。インストゥルメンタル instrumental（手段的）の反対語。見田は『現代社会はどこに向かうか』で、「手段としての価値があるわけではない。かといって「目的」でもない。それはただ現在において、直接に「心が踊る」もの」として、コンサマトリーを定義している。

ろがその流れが一旦途絶えて、九〇年代後半に見田先生が『現代社会の理論』を出したときには既に断ち切れ感がありました。ですから、この本はすごく孤立した仕事になってしまったんですよ。当時、見田宗介の本ということで話題にはなったのですが、ひとつのムーブメントにはならなかった。

こうして考えてみると、一九八〇年頃まではエコロジーとマルクスを結びつけようというかなり先進的な仕事が日本にも芽を出そうとしていたのに、それがマルクス主義の退潮とともに消えてしまった。そして二十一世紀になって斎藤さんの本が出て、やっとその流れが復活した。その間、広井良典さんが定常型社会などを論じていますが、やはり大きな動きにはなりませんでした。

斎藤さんは海外で研究していまのような思想に至ったわけですが、日本のメジャーな思想家や前衛的な学者たちもこういうことを考えていた時代があったということです。ですから斎藤さんの本を読むと、僕などは、若い頃に読んだものを思い出す懐古的な気持ちと、とても新しいなと思う気持ちの両方が生じるんです。

斎藤　僕はマルクス主義が非常に周辺化され没落した中で大学に入り、その中で自分の思想を積み上げてみたいという思いで必死でマルクスの研究をしていました。そして実際積み上げてみると、実はそこに五十年前ぐらいの人たちが立っていた。そういう感覚です。

大澤　マルクス主義自体が全体としてはやや低調気味ですし、欧米でマルクス主義が興隆しているわけでもないですよね。そうすると、この日本の九〇年代の状況を照らしてみれば、日本はいま斎藤さんを逆輸入しているとも言えるかもしれません。
斎藤さんは世界的なレベルで見ても、マルクス主義の新しい道を開きましたよね。日本の社会科学、思想は、戦後のある時期までマルクスを中心に展開していました。マルクス研究のレベルも非常に高かった。しかし冷戦が終結したあとから、マルクスを軸にした思想は低迷してしまいました。実はマルクス主義系ではない社会思想や社会科学も、マルクス主義へ対抗するということを通じて力を得ていましたから、マルクスを軸とした社会思想の没落は、非マルクス系の社会思想の貧困化をも招いてしまったように思います。

しかし斎藤さんの研究は、マルクスをいま読むことになおアクチュアルな意義がある、ということを示したと思います。僕としては、斎藤さんのような若い研究者がもう一度マルクスを読み直すことに希望のようなものを感じます。

斎藤　マルクス研究は日本に限らず、欧米でも似た流れが見られます。一九七〇年代頃には、例えばイヴァン・イリイチ[*7]やコルネリウス・カストリアディス[*8]など、マルクスから強く影響を受け、そして現代文明の過剰性を批判する人たちがいました。また、一九七二年にマサチューセッツ工科大学の研究グループによって書かれた『成長の限界』[*9]などの流れで、定常的な社会、環境破壊、資源の制約といった話が盛り上がりましたが、一九八〇年代後半以降、新自由主義が台頭し、さらには、ソ連が崩壊しグローバル化が進み、そうした脱成長派の議論が忘れられていった。しかし、地球の限界はなくなりませんから、二〇二〇年ぐらいになって、気候変動がかなりひどくなる中で、当時の思想がもう一度繰り返されている感があります。

大澤　東側の社会主義国家の崩壊があって、人間を自然との関係で考える方向性も後退してしまいました。「歴史の終わり」と考えられたほどの衝撃でしたから。その結果、資本主義と自由民主主義の結婚が、人類最終にして最高の選択肢である、と考えられた。そして人間が地球の自然環境の中で生きているという、エコロジーに重きを置く思想が消失してしまった。

二十世紀末までこうした問題は、いわゆる「意識高い」知識人が気にしているだけだと思われてきました。ですが二十一世紀のいま、状況が変わってきたと思います。破局をどう解釈し、そのときまでの時間をどうカウントするかについては意見の相違があるとはいえ、気候問題が我々全員にとって無視できない問題であることは共通理解となりました。

脱するべきは資本主義か

大澤　いまお話ししたように、斎藤さんと見田先生が目指そうとしている世界は非常に近いことは明らかですが、その上でいくつか違いを際立たせてみたいと思っています。

まず一番基本的な問いとして、「資本主義をどうするか」ということがあります。はじめてお会いしたときにもお伝えしましたが、斎藤さんの本の衝撃は、やはり「コミュニズム」ということを言い切ったところにあります。つまり資本主義の限界や終わりについて暗示する人はいましたが、資本主義のあとの社会のありようについてはっきりとポジティヴに主張する人はほとんどいなかった。資本主義の限界を云々しても、資本主義のあとのシステムをはっきりとそれとして指示できないと、説得力はありません。斎藤さんは、長い間実質的には忘れられていた「コミュニズム」という概念を救い出し、資

＊7　オーストリア出身の思想家、歴史家。カトリックの司祭として北中米の移民が抱える問題に直面し、その後、現代産業技術社会の諸問題を批判的に分析することになる。医療や交通、エネルギーなどの過剰が人間の存続を脅かすことを警告した。著書に『脱学校の社会』『コンヴィヴィアリティのための道具』『エネルギーと公正』『シャドウ・ワーク』など。

＊8　ギリシアの哲学者、経済学者。マルクス主義思想に影響を受け、第二次世界大戦後にはパリで共産主義系の政党である国際主義共産党に参加するが、その後離党。マルクス主義の新しい思想と実践を提起する雑誌『社会主義か野蛮か』を創刊。全体主義的な社会主義批判を展開した。

＊9　マサチューセッツ工科大学のシステムダイナミクスグループは、このレポートにおいて、経済成長と人口増加がこのまま続けば資源が枯渇し、二〇七〇年までに世界経済が崩壊すると発表。その後、D・H・メドウズを筆頭著者として *The Limits to Growth*〔邦訳：『成長の限界』大来佐武郎監訳、ダイヤモンド社、一九七二年〕という書物にまとめられた。

本主義のあとのシステムをこれによって名指したわけです。

それに対して、見田先生は究極的には資本主義を何らかのかたちで生かしていく方向性をとっている。ただ、この生かし方は、斎藤さんがご著書で批判されているような加速主義や気候ケインズ主義とはまったく違います。見田先生はまず、現在の資本主義を、「闇の巨大」と「光の巨大」という文学的な表現を使って、ポジティヴな側面とネガティヴな側面を切り分ける。自然破壊や地下資源の枯渇、あるいは地球規模の格差・搾取としての南北問題（グローバル・サウスの問題）など、資本主義はとてつもなく大きな「闇」をもっている。しかし同時に「光」もあって、私たちはそれを享受しているのだと。私たちは大きな自由をもち、また消費を通じて大きく多様な快楽を得ている。この「光の巨大」を否定すべきではない、というのが見田宗介の考えです。つまり、資本主義そのものをトータルに否定すべきではない、というわけです。資本主義の「闇の巨大」を克服しつつ、「光の巨大」を継承することは可能か、というのが、『現代社会の理論』という本の基本的な問いです。そしてこの本は、この問いに原理的には「可能だ」と答えている。

そんなことはいかにして可能なのか。具体的にそのやり方を示すということではなく、論理的・原理的には可能なはずだ、ということを示しているのがこの本です。詳しい理論はここでは解説しませんが〔詳しくは本書収録の大澤論文参照〕、基本的なことだけ言っておくと、現代の資本主義の先端部分を「情報化／消費化社会」として捉えた上で、「消費」と「情報」という概念のポテンシャルを脱構築的に引き出してみると、自然破壊的でもなく、また「南」を搾取することもなく、消費や情報の活用法を導くことができる、という展開になっています。特に、消費社会論で言う「消費consommation」の概念を、その元にあったバタイユの〈消費consumation〉に差し戻した上で消費概念を脱構築していくあたりは、この本の最大の読みどころです。

あまり思わせぶりなことを言ってもよくないので、読者のためにヒント的なことだけ少し言っておくと、こんなことを思うとよいです。僕らはさまざまなかたちで情報を利用し、享受しているわけですが、僕らにとっての情報の価値とその情報のために投入するエネルギーは比例するわけではない。つまり、たくさんエネルギーを使ったらよい情報が得られるわけではない。特に、広い意味での美的な情報、芸術的な享受の対象となる情報についてはそうです。ということは、逆に言うと、情報から得られる快楽や幸福を増やすのに、より多くの二酸化炭素を排出する必要はないわけです。

ともあれ、まとめると、斎藤さんの場合、脱成長のために資本主義以外のシステムを考えられているわけですが、見田宗介の場合は、資本主義の内的な転回によって脱成長も実現できるという立場です。この点について、斎藤さんとしてはどう評価されますか？

斎藤　『現代社会はどこに向かうか』の最後の章で、悪しき意味での資本主義を変える必要がある、しかし、人間の幸福のためのツールとしての資本主義は残る、といった書き方をされています。

これはまず、資本主義を考える上で何を念頭に置くかによって、議論は異なります。

ここで念頭に置かれているのが市場における自由なモノのやりとりならば、私も現段階では市場や商品や貨幣を廃絶しないといけないとは考えていません。まず是正すべきは、資本の無限の価値増殖です。それが脱成長ということです。

例えば『現代社会の理論』一五一ページの最後、「現在の経済システムの定義し要求するような形の「成長」と、マテリアル消費の抑制との両立を持続することは、事実としてきわめて困難である」と書かれています。こういう認識が一九九〇年代半ばにあったとすると、定常型社会と、無限の成長を至上命題とするいわゆる資本主義が相入れないのだという認識は、私も見田先生も同じです。そうである以上、その先にどういう未来があるかについては、言葉は違えども、実質的な内容としてはある程度一致しているのではないかと思います。

しかし当時の見田先生からすれば、その代わりとなる方向性を社会主義やコミュニズムと呼んでしまうと、ソ連と結びついてしまうので、「高原の見晴らし」といった言葉で別の社会を描こうとしたのではないでしょうか。

一方で、今回読み直して、『現代社会の理論』にやや弱さを感じたのは、二〇一八年の本でありながら、環境の話は出てくるのですが、「気候変動」というかたちで出てこないですよね。現状の気候変動危機を考えると、相当に大きなシステムの転換が必要です。それを一般社会の読者に気がついてもらわなければならなかった。そのためには「高原の見晴らし」のようなビジョンや、グリーン資本主義といったものでは間に合わない。そのために、手垢のついた嫌われる表現だけれども、あえてショックを与えるような言葉として、私は「脱成長コミュニズム」を使ったんです。

大澤　なるほど、よくわかります。『現代社会の理論』が出版された当時は、「気候変動」という言葉は、日本ではあまり使われていなかったように思います。「温暖化」の方が、まだ普通に使われる語でした。しかし、温暖化に関して当時はまだ懐疑派というか、否認派もかなりいました。温暖化などほんとうは起きていないのではないか、という説です。多少は暖かくなったとしても一時的なものだとか、少し涼しい夏があるとむしろ寒冷化に向かっていると言う人もいたくらいです。環境の問題を、今日で言う気候変動や温暖化を中心におかずに論じているのは、そうした時代背景もあると思います。

一方で、コミュニズムについては微妙なところです。もとを正せば、見田宗介＝真木悠介にとって、マルクスは最も重要な思想家・学者のひとりだと思います。見田＝真木は「社会学」という看板を掲げていますが、いわゆる社会学の歴史の中で偉いとされている学者、たとえばマックス・ヴェーバーとかエミール・デュルケームよりも、マルクスの方にシンパシーを感じていたことはまちがいない。そして、先ほども述べましたように、『現代社会の存立構造』という本もその証です。

ただ、この本において、真木悠介はある強い自己限定をしていることがわかります。どういうことかと言うと、マルクスの書いたものから、純粋に近代社会・現代社会の分析だけを学びとろうということです。未来社会の構想といいますか、コミュニズム（共産主義）につながる部分についてはカッコに入れているわけです。別の言い方をすれば、マルクスを主に記述理論として評価し、規範理論についてはカッコに入れる。もっとも、見田先生は『経済学・哲学草稿』などはそれなりに評価していましたから、マルクスの規範理論的な側面を完全に捨てたと断定すると言い過ぎにはなりますが。

しかし少なくとも、国家と結びついた共産主義（コミュニズム）、いわゆる社会主義体制に対しては、見田＝真木は早い段階から批判的だったと思います。冷戦があのようなかたちで終わったことで、その点をあらためて確認できた、という思いは強かったに違いありません。『現代社会の理論』を書いたときは、ベルリンの壁が崩壊した年からまだ七年くらいしか経っていませんから、「コミュニズム」という語は、使えないですね。

ただ見田＝真木にとって、「コミューン」という言葉は、ポジティヴな含みをもつ言葉です。「コミュニズム」とは、「コミューン主義」だと考えれば、「コミュニズム」という語をあまり使っていなかったとしても、コミュニズムにはシンパシーをもっていると見ることもできます。そもそも、マルクスのコミュニズムには、国家が組織するとか管理するとかという条件はまったく入っていないし、斎藤さんの「脱成長コミュニズム」も、冷戦時代の東側諸国の社会主義体制とは関係ありません。

自由の制限は許されるのか

大澤　見田先生と斎藤さんの力点の違いをもうすこし整理させてください。ここで一番問題となるのは「自由」の問題です。

斎藤さんの議論では、資本主義のもとでの自由はニセモノの自由になる可能性の方が高く、脱成長コミュニズムの中でこそ本当の自由がありうると言っていますよね。これは非常に説得力のある議論でした。つまり、脱成長コミュニズムが先にあり、それに対して付随的によい自由が得られると考えられている。

しかし見田宗介は、この点で考えが少し違う。「自由な社会」ということは、「成長／脱成長」とは独立に規定できる、と考えていたと思います。そして自由な社会は、絶対に放棄できないという前提がある。資本主義の内部からの内在的な転回ということにこだわった理由もそこにあると思います。

なぜなら資本主義は、人類がいままで採用してきたすべてのシステムの中で最も自由なシステムだからです。確かに資本主義の中での自由にはさまざまな問題がある。欺瞞や偽善があります。たとえば賃金労働者とか、あるいは下層の階級の者には、実質的な自由は乏しいということは十分に可能です。しかし資本主義以外のシステム、資本主義以前のシステムは、もっとあからさまな自由の抑圧を含んでいます。そうだとすると、理想の自由な社会は、資本主義の否定としてではなく、資本主義そのものの内在的な変容や変革として実現されるべきだ、ということになります。基本の方針は、自由の制限が許されるとしたら、それは自由そのものの実現のためである場合に限られており、自由以外の理由によっては、自由は制限されたり抑圧されたりしてはならない、ということだと思います。

そうすると、環境問題や南北問題を解決するとしても、自由な社会という側面を確保した上でなくてはならない、ということになります。たとえば環境問題を解決するために自由を抑圧する、これまでの資本主義の中で私たちが享受してきた「光の巨大」としての自由を大幅に放棄するというのでは本末転倒になってしまう、というのが見田宗介の立場だと思います。

先ほどの消費や情報の概念の脱構築という話も、この点に関係しています。私たちは、自由を行使して快楽を得たり、幸福を感じたりしているわけですが、それは消費や情報を通じて実現されます。たとえば情報に関して言うと、三種類の情報がある。認識に関与する情報、行動のための情報、そして美としての情報です。その中で、自由を通じての幸福や快楽ということに最も深く関係しているのは、美としての情報です。美としての情報をつくるのに、エネルギーをたくさん使う必要はない。投入されたエネルギーと情報の美的価値の間には比例的な関係はありません。こうしたことを論ずることで見田宗介が何をやろうとしているかというと、環境に負荷をかけなくても、情報を通じての自由というものは十分に実現できるということ、自由を放棄せずに環境の問題を解決することが可能だということ、こうしたことを証明しようとしているわけです。

もっと端的に言うと、自由の抑圧や制限を必要とする構想やシステムは魅力が欠ける、ということです。人が喜びをもってコミットできるようなやり方でなければ、長期的には必ず失敗する、というのが見田宗介の思っていたことではないか。

こうした自由の問題について斎藤さんはどのように考えていらっしゃいますか?

斎藤　いまおっしゃったのは「コンサマトリー」に関連するお話ですね。『現代社会はどこに向かうか』の中で、見田先生は、コンサマトリーは「現在を楽しむ」こと、そして新しい世界をつくるための活動は、それ自体がコンサマトリーなもの、つまり解放的なものでなくてはならないと言っています。

これと似た話で、山口周さんも『ビジネスの未来――エコノミーにヒューマニティを取り戻す』という本の中で、大量消費していくビジネスの世界は終わり、高原社会的な、アートに価値が置かれるような世界になると指摘しています。そして来たるべきコンサマトリーな生き方を提唱している。たしかに、このような世界が実現されつつあるのなら、長時間労働や過剰広告はすでに使命を終えていることになる。それは理解できます。

しかし他方で、やはり順番が逆ではないかと思うのです。大澤先生がおっしゃったように、僕は環境問題に強く力点を置いているので、いま資本主義における自由がもたらしている過剰な生産消費に対して、何らかの規制をかけなければならない。つまり、資本主義社会の自由は、見田先生の「光」と「影」という言葉で言えば、影の部分を多大にもたらしてしまったのではないか、と。だとするなら、私たちは脱炭素化などについて広範な制限を加えなければならないし、それには自由に対する一定の制限がかかることは仕方のないことだと思います。

それは国家に一律に管理・規制され、集会の自由や言論が侵されるという意味ではもちろんないのですが、たとえば国内の飛行機をこんなにも飛ばす必要があるのか、外苑前の木を切り倒して高層ビルを建てたり、渋谷の宮下公園を商業施設にしたりといった再開発は本当に必要なのかを問わなければならない。あるいは、過剰な消費を煽る広告も。モデルチェンジを繰り返す新商品を買う自由など偽物の自由だし、それを制限して生まれる自由もあるのではないか。いずれにせよ、そうした過剰な生産消費に対する規制を前提にしないと、私達の生存が脅かされる段階に来ている。

私たちがこれから生きていく時代は、パンデミック、気候変動、自然災害、エネルギー危機、食糧難、そして軍事的な紛争がいつ起きるかわからない、という慢性的な緊急事態下にあります。こうした中では、いままでのような市場に自由に任せるようなシステムでは立ち行かない。実際、コロナ禍において現状のシステムは機能しなかったわけです。

やはり国家の介入も当然重要になってくるし、私たち消費者もそうした余計な生産、労働、消費に対して自己制限をかけていくことが必要です。そうすることで資本主義的な自由を超えた、真の意味での自由を手に入れることができる。真の自由、つまりコンサマトリーに至るためにも、資本主義的な自由を制限しなければならない。結論としては見田先生と似たところに着地しますが、論理的な順番としては逆転しているかもしれません。

大澤　非常に説得力があります。少なくとも、いま例として出された個別の問題については、僕も賛成ですし、見田宗介がここにいたとしても、賛成したのではないか、と思います。外苑前の木を切り倒さなくてもよいし、コロナ禍への対抗として国家が何かをすべきです。ですが議論を深めるために、個別の案件ではなく、その背後にある論理に遡るようなかたちでもう少し議論させてください。

いま述べたように、斎藤さんが個別に出された論点に関して、それが必要かどうかと問われれば、私も個人的には賛成ですし、たぶん、見田宗介もそうだったと思いますが、肝心なポイントは、それらを私たちの社会が、まさに自由な選択として実行できるかどうか、ということだと思うのです。自由の抑圧というかたちでしか実現できないのか、それとも自由な選択の結果として実現できるのか、ということです。見田宗介の答えは、自由な選択として実現できるようになるはずだ、ということだと思います。もちろん、現状の社会においてそれが可能だと言っているのではなく、「自由な社会」そのものの発展として可能になる、ということです。

「自由」のほかにも、我々には追求しなくてはならないさまざまな価値があります。近年唱えられている気候正義もそのうちのひとつです。ほかの価値もあります。たとえば、社会主義は、「自由」という価値よりも「平等」の方を重視しました。しかし冷戦は、ご存じのような結果に終わった。そこから学ぶべきことは——これこそ見田の重視したことですが——、「自由」よりも上位の価値や理念を置く社会は、結局はうまくいかない、「自由」そのものの魅力がまさる、ということです。冷戦とその終結の教訓はここにあると思うわけです。

ですので、気候変動への対策となるような処置や政策がとられるにしても、我々がそれらに関して、「自由よりも上位の価値のために自由が抑圧されている」という気持ちで受け取らざるをえないような方向で新しいシステムを模索したら失敗するのではないか。たとえば気候正義のような価値も自由と両立させながら、あるいは自由の優位ということに包摂させるようなかたちで導入することができるのではないか。気候正義にかなった制度や実践を、自由な選択の結果として実現するような社会が構想できるのではないか。『現代社会の理論』でこういうことが問われていると思うのです。

斎藤　コミュニズムやコンサマトリー、「ラディカルな潤沢さ」[*10]といった新しいウェルビーイングの概念を、私たちは理論としてもつくることができるし、実践を通じ、これまでの資本主義的・物質主義的なふるまいをただし、豊かさを感じられる感性のようなものを育てていくこともできる。そうした中で、私が期待しているのは、そういう価値観を求めて自分を自由に規制していくという流れが生まれることです。

カストリアディスは、それを「オートノミー」[*11]という言葉で表しています。要するに、自治、自主管理の考え方ですね。資本主義的な自由、いまの社会で支配的になっている自由に対して、自分たちで、あるいは集合的《コレクティヴ》に規制をかけていくあり方です。それは、ソ連の官僚たちが、第三者的に規制をかけて、平等を押しつけるというような規制とは異なります。

私がグレタ・トゥーンベリらの活動を見ていてエンパワメントされるのは、まさにそれを示そうとしているからです。彼らは、迫りくる危機に直面して行動することを強いられていると同時に、私たちがこれまで思い描いていた豊かさとは違うものを提示している。これは二十一世紀の世代に特徴的な新しい感性だと思います。資本主義システムがうまく機能し、社会主義が崩壊をたどった時代を生きてきた世代とは異なる感性です。

二十世紀後半はまだ、資本主義が発展していけば自分たちの生活も豊かになっていく、格差は多少あってもみんなが豊かになっていけるんだという夢があった。しかし二十一世紀においては、格差が広がり、環境は破壊され、未来はますます暗い。夢自体が失効

*10 資本主義は潤沢な資源を独占、蓄積することで人工的希少性をつくり出す。経済人類学者のジェイソン・ヒッケルはそうした経済成長のパラダイムからの決別を訴え、「ラディカルな潤沢さ」を掲げている。

*11 カストリアディスは、国家による管理ではなく、労働者たちが直接的に経済管理を行えることの重要性を指摘し、労働者たちによる自治や自主管理のもとでの社会主義を構想した。カストリアディスの思想は、広くオートノミズムやアウトノミズムと呼ばれる運動に位置づけられる。

してしまっている。

ある種、現在の状況は、二十世紀前半の思想家たちが考えていたことと近いと思います。彼らも世界恐慌や世界大戦を前にして、どういうふうに自分たちは生きていけばいいのかを考えた。こうした問いを考えるための新しい思想が、いま求められています。

大澤　なるほど。いま話された「新しいウェルビーイング」やカストリアディスの「オートノミー」なども視野に入れると、斎藤さんの目指すところと見田宗介の目指すところは、ますます近いということがわかります。それを、なお広義の資本主義と見なすべきなのか、それともコミュニズムと見なすべきなのか、ある意味、名付けや定義の問題かもしれません。そのこととも関係しているのですが、『人新世の「資本論」』に即して質問させてください。

この中に、脱成長コミュニズムを実現するための五つの柱という提言があります。①使用価値経済への転換。②労働時間の短縮。③画一的な分業の廃止。④生産過程の民主化。⑤エッセンシャル・ワークの重視。どれも魅力的で大事な提言だと思います。この中で、「資本主義（の克服）」ということに直接的にかかわってくるのが、①だと思います。私たちの豊かさが「交換価値」（貨幣で測られる価値）より「使用価値」を中心として見られるようになる世界、交換価値の増殖ではなく使用価値を目的とする経済、こういうものを目指すべきだ、と。

先ほどもおっしゃったように、斎藤さんは、市場でのモノのやりとりにおいて貨幣を全面的に禁止する必要はないと考えていて、それは重要なことです。しかし富というものが基本的には交換価値を意味していて、その無限の増殖を目指すシステムが資本主義ですから、経済の中心が使用価値へと転換するということは、資本主義の乗り越えということに直接かかわってくることでもあります。実は私は、コロナ禍という問題を念頭に書いた『新世紀のコミュニズムへ――資本主義の内からの脱出』という本の第四章でも、斎藤さんのこの①の提言について、少し検討させていただきました。今日はさらに伺いたいと思います。

交換価値の経済（つまり資本主義ということですが）のどこに問題があるのかということを考えたとき、その原理的なところを分析したのが、マルクスの『資本論』だと思うのです。『資本論』の中で、商品や貨幣の物神性ということについて論じられています。斎藤さんに説明するのは、釈迦に説法みたいになってしまうのですが、読者のために解説しておきますと、それはこういうことです。僕らは互いに自由で平等な主体であると思って市場に参加し、そこで商品を買ったり、労働者として雇用者と契約を結んだりしています。しかし、商品たちの関係、あるいは商品と貨幣の関係を見ると、そこには支配と従属の関係がある。貨幣が王で、そのほかの商品たちが臣下であるような関係が、です。つまり、僕らがそれぞれ人格として自由で平等だという意識をもつことができたのは、支配‐従属の関係が全部、商品と貨幣というような物象的関係に転移されていたからです。これが、商品の物神性についてマルクスが言っていることだと思います。

これは確かに問題です。自由や平等についての僕らの「意識」は誤りだったことになるからです。不平等な支配や服従は、物象の水準にはっきりと存在している。そして、その物象のレベルでの支配‐従属の関係をベースにして、剰余労働の搾取のようなことも起きるわけです。

しかしここでよく考えてみると、この商品の物神性の世界、つまり物象的な支配‐従属の関係は、人格的な直接の支配‐従属の関係よりはだいぶましなのではないでしょうか。たとえば王と臣下の関係、封建領主と農民の関係、主人と奴隷の関係よりはましなのではないでしょうか。臣下が王に従うのは、王に何か超越的なもの、神格のようなものが宿っていると思うからです。しかし労働者が資本家に従うのは、資本家が本来的に超越的であったり、神性を宿しているからではありません。資本家が、契約にもとづいて賃金を支払ってくれるからです。どうして人格レベルでの直接の支配‐従属関係が消えるかというと、資本主義においては、もはや貨幣によって測られる交換価値以外には、神的なものは何もないからです。

そうしますと、斎藤さんにお聞きしたいのはこういうことです。交換価値を中心にした経済を放棄したとき、人格的な生《なま》の支配‐従属関係が回帰してくるのではないか、ということです。いったん物象的関係の方に転移した支配と隷属の関係が、人格的な関係の方に回帰してくるのではないか。

例えばアメリカの大衆的な小説家のアイン・ランドが『肩をすくめるアトラス』[*12]とい

う小説で、似たような問いを出しています。アイン・ランドは、若い頃、ロシア革命を終えたロシアからアメリカに亡命してきた人で、最初は英語もろくにできなかったようですが、小説家としてアメリカで大成功する。日本ではそれほどでもないですが、アメリカでは『水源』と『肩をすくめるアトラス』は、聖書の次に読まれているという感じさえします。彼女は、原理主義的な資本主義者みたいな感じの思想家で、ベストセラーになったそれらの小説では、資本主義における英雄のようなものを描いています。彼女が小説の中で、いま僕が述べたような問題を提起しています。

斎藤　おっしゃるとおり、ソ連体制ではかなりひどいかたちでの人格支配が実際に起こってしまった。ですからフリードリヒ・ハイエクなんかは、一九三〇年代の「社会主義経済計算論争」の中で、いま大澤さんがおっしゃった問題点を指摘しています。[*13] 国家による計画経済は難しいでしょう。

ただ、他方で、マルクスが指摘しているのは、奴隷よりも、賃労働者の方が過酷な暮らしを強いられているということです。賃労働者は自由だと思うからこそ、自己責任の感情をもって、より真面目に資本の奴隷になってしまう。賃金奴隷であるにもかかわら

---

*12　一九五七年に書かれたランドの長編小説。アメリカを社会主義化、共産主義化しようとする政府に発明家、商人らが立ち向かい、それまで社会主義化を支持してきた一般人を改心させるという物語。

ず、そのことに気がつかない。奴隷は少なくとも、そのことを知っているから、手を抜くし、代わりが無限にいるわけでもないので、最低限の生存保証が担保されていたりするわけです。もちろん、だからといって奴隷制がいいわけではないので、物象による支配も、人格による支配もない社会を追求しないといけないわけですが。

もちろん、私も一気にそのような新しいシステムに移行できるとは思っていないので、現実的には、自分たちで物象の力に制限をかけながら、様子を見ていくことが必要ではないかと思っています。たとえば、週休二日を週休三日にする、国内線の飛行機、ヨットやプライベートジェットを制限する、あるいは最高年収を設定する、所得税を上げていくなど、いまある格差や過剰な消費に制限をかける。実際、それをやったからといって物神崇拝はなくなりません。でも、そこから見えてくる新しい自由の可能性に賭けたいのです。

私の社会変革論は、革命でひっくり返すみたいな話ではないので、「斎藤の言っていることは結局資本主義の枠内でできることだ」と指摘されることもあります。でも、現状のシステムの内部においても制限をすこしずつ設けることで、市場・貨幣・商品の意味、あるいは賃労働の意味が徐々に変容していくのではないでしょうか。そこに、物象による支配も人格による支配もないような社会のヒントが浮かび上がってくる希望がある。さらに私たちが、よりコンサマトリーな生き方ができるチャンスも増えていく。そうした中で、先ほど言ったような新しい価値を醸成し、発展させていくことができるのではないかと思います。

大澤　実は僕は、斎藤さんが「コミュニズム」という言葉をあえて動員したことには、実践的にすごく大きな意義があると思っています。コミュニズムという概念なしに個別の要求をするだけだと、資本主義の側はいくらでも譲歩してきて、要求は飲むのだけれども、結局本質的な問題は解決しないまま、ということになります。たとえば「あなたは何を欲しているのか」と聞かれて「もっと休日を」と答えると、資本主義は週休三日を許容する。僕らは休日が増えて満足かというと、もちろんそんなことは真の目的ではない。いくら個別の要求が満たされても、いくらでも「もっと」と言えなくてはならない。そのためには、「コミュニズム」という概念が必要になるわけです。

斎藤　そうです、ある種の統制的理念みたいなものです。

＊13　一九二〇年に、オーストリアの経済学者ミーゼスの論文「社会主義共同体における経済計算」を主な皮切りとして始まった論争。ミーゼスは社会主義の中央当局による計画経済の不可能さを指摘したが、その後、ポーランド出身の経済学者ランゲが一九三六年の著書『社会主義の経済理論』でその説に反論した。さらにハイエクがこれに反論し、やはり計画経済は不可能であると主張。商品の価格を中央当局が決定する場合、統計的情報に基づくほかなく、実社会の経済問題とのずれが生じる。そのため中央当局による計画経済は全体主義につながるものだと批判している。

ジェネレーション・レフトにみる階級闘争

大澤　若い世代の話が出ましたので、その関連でお伺いします。

見田先生は特に最後になった単著『現代社会はどこに向かうか』で、新しい世代に対する期待を示されていて、これは斎藤さんの考え方ともリンクすると思います。現在の若い人たちは成長経済の中で生きてきた人とは違った価値観をもち、幸福についての感覚も違う世代が現れているという指摘です。先のロジスティック曲線で言うと、旧来の世代はこのカーヴの上昇期を生きていたわけですが、いまの若いひとたちはこのカーヴの第二の変曲点にさしかかるところを生きている。そのことが、価値観や幸福感の違いとして現れている、という説明です。

実際、日本については「日本人の意識」調査（NHK放送文化研究所）、国際比較に関しては「世界価値観調査」のデータを使いながら、若い世代において価値観の変化が見られることを明らかにしています。たとえば「コンサマトリー」の方向へと向かう傾向が確認されます。

見田宗介の考えをもうすこし解説すると、近代に関して、「原理」と「理念」とを分けて考えています。「近代の理念」とは、「（万人の）平等」とか「自由」とかといった、近代をよきものとして見出した価値です。「近代の原理」とは、要するに合理化のことです。「合理化」は多義的な言葉ですが、近代には、ヴェーバーも言っていたように、合理化への強いトレンドがある。この合理化という原理はどこから来るかというと、それこそ成長、経済成長です。より成長するためには合理化しなくてはならない。生産を合理化したり、消費を合理化したりしなくてはならないわけです。

問題は、近代の理念と近代の原理はしばしば矛盾する、ということです。そのとき、原理が優先され、理念が封じ込められる。たとえば、高度成長期に主流だった、性別役割分業をともなった核家族。これは、ジェンダーの間の平等という理念に反するわけですが、高度成長期の企業戦士の家族にとっては、合理的な適応の仕方だったわけです。

しかし一九七〇年代後半頃から、成長というものが魅力を失い、至上の命令でもなくなるわけです。すると「原理」であるところの合理化へのプレッシャーのようなものがなくなる。その結果、「近代の理念が解凍する」。「解凍」というのは見田先生の比喩ですけど、原理であるところの合理化の要請によって凍結されていた理念が、その縛りから解放される、という感じだと思います。実際、『現代社会はどこに向かうか』の第二章に示された調査によると、若い世代はかつての世代ほどには合理性にこだわりませんが、近代の「理念」にあった価値観や意識をもっている。たとえば、ジェンダー平等への意識は、一九七〇年代に大人になった世代よりはるかに強い。

斎藤さんもまた『人新世の「資本論」』で、二十一世紀の若者の意識の変化ということを指摘されていました。僕が読んで驚いたことのひとつは、西側諸国では、若者が社会主義に対してポジティヴな意識をもっている、という指摘です。特にアメリカでそういう流れが起こっていることは驚くべきことです。伝統的にはアメリカは、僕らから見るとごく穏健な社会民主主義くらいに聞こえるような意見でも猛反発が起こるような国でしたから。それが若い世代だけで見れば「社会主義は問題ない」「サンダースがいい」という人が結構いるという。

若い世代に「近代の変曲点」というか「人類史の転換点」のようなものを見ているところも、斎藤さんと見田宗介が共鳴する部分ではないでしょうか。

斎藤　『ジェネレーション・レフト』という本を翻訳したのですが、著者キア・ミルバーンが指摘するように、アメリカのサンダース現象、イギリスのコービン現象も若い世代を中心に起こっています。先のフランスの大統領選挙でも、メランションが競り勝って決選投票に進むかというところまで票を伸ばしましたが、彼をサポートしているのも若い世代です。ドイツはすこし違うようですが、世界的にはいま、こうしたいわゆる資本主義のもとでよい大学を出て、大企業に就職して、マイホームを購入して、といったライフスタイルに魅力を感じない人たち、あるいはそうした道をそもそも選べない人たちがとても増えている。

日本も同様で、学生ローンを受給していた若い世代が就職して、東京二三区にマイホームを買えるかというと、ほぼ不可能ですよね。ひとりの大人としての幸せや夢がほとんど成立しないような時代になっている。こうした経済的な事情に、気候変動まで加わってきたら、これ以上資本主義を続けていくことに果たしてどれほどの合理性があるのだろうと考える人は増えてくると思います。もちろん、全員が全員ではないですが。それでも社会主義的な考えを支持する若者が増えてきているのは、面白い現象です。

ここでの問題は、いま政治や経済を動かしているのは上の世代なので、若者の意見を集約してひとつの大きなムーブメントにしていくことができていない。特に日本ではそれが顕著です。その状況下で、マルクスを読み直すことを通じて、若い世代がこういう社会だったら自分たちはもっと幸せになれるんじゃないかと感じられるような道筋を私は描きたい。

二〇〇五年から二〇〇九年くらいまでアメリカにいたのですが、当時のアメリカで、社会主義を支持する人たちが増えるとは考えてもみませんでした。僕は当時から大学院でマルクス研究をしたいと思っていたのですが、「なんでいまさらマルクスなの？」という雰囲気でした。階級、人種、ジェンダーだったら、人種とジェンダーを中心としたアイデンティティ・ポリティクスが社会学でも政治学でも主流でした。階級の問題はほとんど扱われなかったし、アメリカのミレニアル世代は階級の問題にそこまで興味がなかったのです。

流れが変わったのは、二〇一一年のオキュパイ運動。僕が住んでいた頃のアメリカは、オバマ政権誕生をみんな喜んでいて、サンダースの名前なんて一言も挙がりませんでした。それが二〇一六年には、サンダース現象が起こった。つまり四、五年で、社会の価値観や、人々の欲求するものは大きく変わるのだと実感しました。

株とか不動産などに縛り付けられた大人とは違って、若い世代からはいいアイデアが出てくる。資本主義が駄目だったら社会主義もいいじゃないか、と柔軟に変わっていくことができる。日本でもまだ動きとしては弱いですが、当然変わっていくでしょう。イギリスなんかでもレベリング・アップ[*14]などのアクションが生まれています。そういった流れが世界的に広がり、新しい時代が訪れることを期待しています。

大澤　斎藤さんがアメリカにいらっしゃった頃は階級の問題はほとんど議論されてこなかったという話は興味深いです。しかし、結局いまアメリカで問題になっているのは階級の問題ですよね。しかし、この階級問題がある種ずらされたかたちで現れている。民主党と共和党の戦いのように、です。

マルクスの流れで言えば、「階級」は資本主義社会の構造を考える上でのメインテーマであるはずですが、ある時期から先進国ではマイナーな問題であるように見られてきた。階級的な問題を扱う理論は、たとえば「世界システム論[*15]」のようなグローバルな分業体制とか広義の植民地化との関係で扱われてきました。言い換えれば、階級というのは、ドメスティックには見えにくくなって、グローバルな資本主義の全体の中ではじめて現れるようになったわけです。その中でアメリカは階級の問題をいわば逆輸入したのです。それが屈折し、トランプのような「政治家」を生み出すことになりました。どう考えてもトランプは労働者のためになると思えないのですが、それでも支持された。どうしてそうなるかと言うと、これは階級の間の闘争自体が適切に分節化されていないからです。階級の間の葛藤であったものが、それとは別のかたちで現れてしまうわけです。「階級の問題とは格差の問題である」と言われたりしますが、私はそうではないと考えています。「格差」は階級の問題の一部かもしれませんが、すべてではない。つまり、階級の問題は格差の問題には還元できません。格差とはつまり、再分配の問題ですよね。もちろん再分配は重要ですが、資本主義社会を根本から問う根拠としては弱い。

資本主義というのは、言ってみれば、自分より多くをもっている人に嫉妬する、ルサンチマンのシステムです。これに対して、富者から貧者への再分配を促す「分配的正義」が主張されることがありますが、これもある種の問題を含んでいます。わかりやすく言えば、分配的正義とは、「私は自分の所得を少なくしてもいいですよ。あなたも少なくするんだったらね」という感覚を正当化するわけです。つまり、分配的正義はルサンチマン的な感情を正当化するために使われることになります。資本主義のネガティヴな面を駆動している究極の感情が、広義のルサンチマンだとすると、ルサンチマンを正当化する論理では、結局は資本主義の枠内での議論にとどまることになります。

*14 英国の経済的に低迷する地域を活性化し、南部との経済的・社会的状況の格差を是正するため、インフラや公共サービスへの投資を促す政策。詳細は二〇二一年に政府が発表した「Build Back Better」に記載されている。

*15 本対談、注3を参照。

階級の問題を分配の問題に還元してしまうと、資本主義を乗り越えることはできません。格差という言葉を超えた「平等の問題」として、階級の問題をどのように理論化できるのか、それが次のマルクス主義の課題になるような気がしています。これについて詳しく論じていると、今日の対談のテーマから外れてしまうのであまり話しませんが、ちょっとだけ言っておくと、伝統社会の「身分」に替わって、資本主義社会には「階級」が成立するわけで、「階級」というのは資本主義というシステムのアイデンティティにかかわる問題を含んでいるのです。それは、資本主義というシステムを前提にした再分配や分配的正義よりももっと基本的な問題に関係している。

「時間」の概念と未来の他者

大澤　環境問題や気候変動に関しても、もうすこし議論を深めておきましょう。環境問題への対策としてなされる政策や法律も、自由を否定せず自己決定的に決められること、広い意味で民主主義的に決定、解決できるのが一番理想的です。しかし、このとき、躓きの石になるのが、将来世代の問題です。私は「未来の他者」という言葉を使うことにしているのですが。

環境や気候変動の問題は現在の我々の問題である以上に、我々のあとにやってくる人たちにとっての困難です。たとえば、私たちが、二酸化炭素をたくさん排出して、地球の平均気温を上げたとして、その影響を受けるのは、いま生きている私たちよりもあとにくる世代なわけです。

ところで、いま、私たちがもっている最も優れた意思決定の方法は、民主主義です。環境の問題に対してどのような対策をとるかということも、理想的には、グローバルな民主主義に基づいて決定するのがよい。しかし、民主主義には限界がある。どんなに民主化しても、どんなに拡大しても、その参加者は「同じ現在の中に共存している人々」の範囲を超えられない、ということです。環境問題に関連する措置で最も影響を受け、そこから利益も苦難も受け取ることになる未来の他者は、民主主義の参加者の範囲に絶対に入らない。これをどう克服すればよいのでしょうか。

斎藤　おっしゃるとおりです。気候正義の基本的な考え方は、グローバル・サウスの人たち、そして未来世代のことを第一に考えよう、というものです。しかしそれだけだと、倫理的な要求としては意味があるけれども、弱さもある。未来や途上国のことを考えられる余裕のある人たちだけでの議論になってしまうからです。これがいままでの環境運動の決定的な弱さでした。そうであるからこそ、私は資本主義批判と気候変動問題を結びつける必要があると考えています。

気候変動によって未来の世代は、現在の私たちよりも圧倒的に影響を受けることになります。しかし同時に、いま地球環境を破壊しながら生活を営むことを強いられているプロレタリアートも、このシステムに搾取されている存在です。だとすれば、未来の世代やグローバル・サウスの人とともに連帯していくことが、私たちにとってのよりよい暮らしにつながるのではないでしょうか。もちろん、ここでの「よい暮らし」とは、たくさんiPadを買えるということではなく、低賃金労働や長時間労働を強いられ、健康に悪そうなものを食わされる世界から解放されていくことを意味します。もっと自分たちで意思決定できる社会をつくる。広告やモデルチェンジに煽られることなく、自分たちで修理しながら、必要なものを好きなようにつくっていく。そういう社会になっていくことは、未来の人にも私たちにとっても幸せなのだということです。

気候問題は意識の高い人だけのものではなくて、吉野家の牛丼を食べている労働者たちも、政府に気候変動対策を要求してもいい（日本だと「ベジタリアンではないのに環境問題を語るな」と言う人が出てくるのですが、彼らは食べるものを選べないのです）。

このように、マルクス主義や階級、資本主義の問題と接続することで、はじめてみんなが自分たちの問題として環境問題を引き受けられるようになると思います。

大澤　未来のことを考える上では、「時間」の問題が非常に重要になってきます。見田先生が真木悠介の名で書いた『時間の比較社会学』は真木悠介の主著のひとつと言ってよいと思いますが、時間意識というもののあり方について、比較社会学的に考察したものです。

僕らは時間を、「不可逆で無限に続くもの」として思い描きます。この時間像は、二つの契機からなっています。ひとつは、不可逆であること、つまり時間は次々と取り返しのつかないかたちで無に帰していくということ。もうひとつは、数直線のように抽象的に無限に続くということ。どちらも時間というものの客観的な構造を反映するもので、あたりまえではないか、と思いたくなるわけですが、そうではないのです。『時間の比較社会学』は、このような二つの条件を備えた時間についての意識は、理念型的な――ということは西洋の、ということですが――近代社会において生まれ、維持されているということを理論的・実証的に説明したものです。どうして近代社会はこのような時間意識をもつのか、その理由が論理的に解き明かされています。

『現代社会はどこに向かうか』の中に収録されている「ダニエルの問いの円環」という小さなエッセイでも、時間の問題を考察していて、『時間の比較社会学』からの見田＝真木の問題意識がかいま見えます。ちなみにこのエッセイは、旧約聖書の中のダニエル書の「ダニエル」と、ピーダハーンというアマゾンの奥地で孤立して生きている狩猟採集民の中に入って調査し、そこに溶け込んでいったダニエル・エヴェレット[*16]という、言語学者の「ダニエル」を対比させている。簡単に言えば、ダニエル書に見られる時間意識とピーダハーンの時間意識は対照的だということが書かれている。

＊16　言語人類学者。伝道師、言語学者としてブラジルに渡り、ピーダハーン族の調査を始める。*Don't Sleep, There are Snakes* (Pantheon Books, 2008)〔邦訳：『ピダハン――「言語本能」を超える文化と世界観』屋代通子訳、みすず書房、二〇一二年〕は各国で翻訳され話題を呼んだ。

環境問題に話を戻します。先ほど「コンサマトリー」の話がありました。たしかに、いま自分がしていることに充足感を感じることも重要です。しかし他方で、環境問題に対してセンシティヴになるためには、いまの自分だけではなく、自分がいなくなったあとのことまで考えないといけないことになります。いまここの充実へと閉じていく感覚とはるかな未来へと向かう視線との二つが必要になる。この二つをどう両立させるか。あるいは、両者をいかにしてともに確保するのか。こういう問題があると思うのです。

ところで、現在の自分を離れてはるかな将来の人類や地球の運命にまで配慮するということは、不可逆で無限に続く時間というイメージを前提にしていると思うのです。そのように時間を表象できる人でなければ、具体的には想像できない未来の他者のことまで配慮することは不可能でしょう。しかし先ほど述べたように、「不可逆で、抽象的に無限化された時間」は、近代社会に相関した時間についての表象です。真木悠介は「近代」という言い方を使っていますが、これは資本主義的な時間と言ってもよいものです。

このことは、最も資本主義的と言える行動、繰り返しなされる投資ということを思うとよくわかります。資本主義というものの中では、人は拡大とか増殖を目指して常に投資していかないとならない。同じところに止まってはいられないわけです。その意味で、未来へと向かう不可逆的な時間というものが前提になる。しかも投資はどこかで終了するわけではない。無限に反復されなくてはならない。投資が仮に成功して、資本が回収されたとすると、その資本は次の投資に回されるのであって、全部消費に回してしまうわけにはいかない。このような循環がいくらでも続けられるのは、時間が抽象的に無限化されて意識されているからです。だから資本主義は、無限の未来への指向性をもっている、ということになります。

そうすると——これは見田宗介＝真木悠介が言っていることではなく、いまここで僕が言っているわけですが——、奇妙なことになります。環境問題や気候変動について考えるということは、遠い未来の他者のことをも配慮するということです。しかしそのような未来への視線は、資本主義的なもの、資本主義というものを得たことによって僕らが身につけたものかもしれないのです。資本主義は、少なくとも僕らがいま営んでいる資本主義は、環境問題をなんとかしようとしている人たちにとっては敵です。しかしその資本主義によって育てられた感性や意識によって、僕らは環境問題を深刻に考えるようになれているのかもしれない。そんなふうにも言えるわけです。

斎藤　私は真逆に考えていました。資本主義は短期的にものを考え、地球環境のような長期的な問題に目を向けない。まさに、マルクスが述べたように、「我が亡きあとに、洪水よ来たれ」が資本家のスローガンなのです。それに対して、前近代社会は過去との繋がりを大事にしていたし、その伝統が続いていくことを人々は望んでいました。そうした共同性を、資本主義は解体してしまったんだと。

現在の自分も、未来の世代も、過去から押し付けられたものとは無関係だという考えやふるまいが、環境問題を引き起こしていくのではないかと思うのです。

大澤　いま、斎藤さんが言われたことも一理あるのです。つまり、現在の資本主義のもとでは人はごく短期的なことばかりを考え、目先の利益に集中し、地球環境の将来のような長期の問題を考えられない、ということも一方の真実です。斎藤さんが『人新世の「資本論」』で批判している資本主義肯定派のような論者たち、たとえば加速主義者たちなども、みなそんな感じです。あるいは、フランクフルト学派の系列の社会学者ハルトムート・ローザという人が『加速する社会』*17という大部な現代社会論を書いていて、その中でいま斎藤さんが言われたようなことを指摘しています。現代社会において私たちの時間がいかに断片化していて、目先のことしか考えられなくなっているのか、と。

しかし僕の考えを結論的に言えば、このような現代的な時間感覚は、近代的な「不可逆的で無限の時間」からの派生物、そこからの倒錯的な産物だと思います。資本主義においては、未来での利益を見込んで投資がなされます。投資した者は、その未来の成果をできるだけ早く獲得したいわけです。そうすると、その未来の先取りというか、先走りみたいなことが起きるわけです。たとえば「信用」のシステムや「擬制資本」のようなものがそれです。未来において実現すると期待されていることを、すでに現在において「実現されるはずのこと」として仮定してしまう。こうした未来が、現在に近いところに設定される。これが、ハルトムート・ローザの言う「加速」ということで、斎藤さんが言われたように、結果的には短期的なものの考え方になります。が、そのような短期的な見方が成立するためにも、逆説的ですが、いったんははるかな未来への指向のようなものがまずは成立している必要がある、というのが僕の考えです。

一般論的には、前近代社会は「過去」との繋がりを重視していることは確かです。しかし「未来」、特に抽象的な「未来」という見方については、ある種のタイプの社会にのみ普及します。例えば、『時間の比較社会学』でも引用されている、キリスト教の牧師であるジョン・S・ムビティという人の『アフリカの宗教と哲学』[*18]という本があります。その本には、アフリカ人の言語には「未来」がないと書かれていて、びっくりしました。未来に対応する時制とか、未来を指示する語彙がないわけです。では明日のことを約束したりするときどうするのだろう、と思ったりするわけですが、明日もまた広い意味での現在の一部なのです。言い換えれば、現在の延長と見なせるような未来のことしか考えないし、考える必要もない。逆に、過去についてはとても豊穣な言葉をもっていて、さまざまなタイプの過去を分けて考えている。このような言語の中で生きている人に、たとえば百年後の地球環境はどうなっているのかといったことを切実に考えるのは難しい

＊17　ハルトムート・ローザ『加速する社会——近代における時間構造の変容』出口剛司監訳、福村出版、二〇二二年。

＊18　ケニア出身のムビティは、アメリカとイギリスに留学し博士号を取得。アフリカと欧米の時間意識とを比較した上で、アフリカの時間意識について論じた。また、アフリカ人の時間感覚の方が西洋人よりも幸せであると考えた。〔邦訳：『アフリカの宗教と哲学』大森元吉訳、法政大学出版局、一九七〇年〕

ところがあります。そのような未来についてあれこれ考えるためには、抽象的に引き延ばされている未来という感覚が必要になるのではないでしょうか。

未来を気にすることは独特の文明的背景があるということです。真木悠介の『時間の比較社会学』では、ヘブライズム（ユダヤ－キリスト教）の伝統とヘレニズムの伝統との融合の中から、「不可逆かつ抽象的に無限に続く時間」というものが出てくると結論づけています。たとえば、（先ほどのダニエル書とも関係していますが）ユダヤ教の終わり頃に、ほんとうの意味での終末論が出てきます。ほんとうの意味での終末論というのは、循環しない終末論ということです。そのような終末論からはじめて、未来の終末へと不可逆に進行する時間というものが生まれるわけです。

文明の発展によって現代の環境破壊が引き起こされている一方で、それを乗り越えるためには文明から生まれた時間感覚を創造的に活用しなくてはならないという二重性を私たちは経験しているのだと思います。未来の人たちのために自分たちが我慢しなくてはならない、というネガティヴな意識ではこの危機は乗り越えられません。自分の子どものために我慢することは誰だってできるでしょう。でも、百年後の人たちのことも同じレベルで考えられるような社会にならないと環境問題は克服できないと思います。そのような未来をとてもリアルに感じる感受性が必要で、それをどこから調達すればよいのか、ということです。

実は、ロシアのウクライナ侵攻から始まった現在の戦争を見ていても同様のことを感じてしまいます。西側はロシアに経済制裁を加えていますが、それによってロシアの石油や天然ガスが輸入できなくなって自分たちが困っている。どちらが制裁されているのかわからないような状況になってしまっている。しかし長期的に見れば、もともと石油や天然ガスに依存しない生活を目指さなければならないわけです。ある意味で、今回の戦争でそれがすこし早まっただけとも考えられます。それなのに、西側諸国は天然ガスや石油の値段に頭を悩ませ続けている。これを見ていると、脱炭素化がいかに難しいかということをあらためて感じます。こんなことでほんとうに、未来の他者、将来世代のために脱炭素など実現できるのか、と懐疑的になってしまうのです。

斎藤　そのとおりですね。同時に、この戦争ではっきりと可視化されたのは、グリーン成長的なものは幻想であったということです。

そうした中で、いま人類は二つの方向性をとろうとしています。ひとつは、戦争が始まったので、経済成長を優先させるために二〇五〇年までの脱炭素化を諦めるという方向。もうひとつは原発を動かす方向。現にドイツや日本は原発を再稼働しようとしています。ただこの二つはどちらも受け入れがたい。本当に進むべき方向は「脱成長」です。

経済学者の中には、気候変動が起こっていろいろな問題が起こったとしても、他方で新しい技術も発展するので、気候変動対策を強力に行わなかったとしても、新しい世代が不幸になるとは限らない、と言う人がいます。むしろ過剰に気候変動対策をすることで、経済成長が鈍化し飢餓が発生した方が人々は不幸になる。だとすれば、まず経済成長に特化すべきじゃないかという理屈です。

そういう意見に対して、私は「いま現在の私たちも不幸だ」と言わなくてはいけない。技術が発展したとしても、いまの社会のあり方自体が不幸であり、将来さらに悪化するのだと。そうだとすれば、現代の私たちの問題と、将来の世代の問題は対立するものではありません。私たちが未来のために犠牲になるか、未来が私たちのために犠牲になるかというゼロサムではなく、いまの社会を変えることは私たちにとっても将来にとってもプラスプラスだと言いたい。

大澤　なるほど。それは、私たちのコミュニズムの範囲に未来世代も含まれている、という提案になると思います。すばらしい。未来はわからないのだから経済成長した方がいい、というのは詭弁です。考えないことと現在の利己的な欲求を自己正当化しているだけですから。

当然、将来世代のことを真に思いながらやったことが逆の結果をもたらすことはあります。思いもよらないこと、予想もできない展開ということがありますから、それは仕方がありません。仮に逆効果だったとしても、私たちの願望や思いは残ります。現在の私たちが、未来の世代の呼びかけに応えようとしていたということがわかれば、仮に私たちの試みが失敗したとしても、未来の世代はその失敗からポジティヴに学びます。しかし、現在の私たちにそのような思いがなく、未来の世代にただ災難をもたらしただけだったら、未来の世代は現在の私たちを恨むだけで、その失敗からポジティヴなものを学ばない。ポジティヴなものを学ぶというのは、この場合、未来の世代が彼らにとってさらに未来にいる他者たちのために何かよきことをやろうとする、ということです。もし未来の世代が彼らにとって過去の世代である私たちに恨みだけをもったときには、彼らはそのようなかたちで立ち直らないと思う。

私は3・11の原発事故があったときに、その当時まだ若かった世代と将来世代に対してとても申し訳ない気持ちになりました。東日本大震災の前、日本列島で稼働していた原子力発電所は五四基あって、このリスクを自分が死んだあとの世代がすべて肩代わりすることになる。私が原発についてまじめに考えたのは、原発事故のあとでした。それ以前にも、原発の危険性が指摘されていたわけですが、やはり本気には考えていなかった、と言わざるをえない。私たちは、五四基もの原発が建設されるのを容認したわけです。本当に原発が将来世代のためになるのだと考えていたなら、致し方なかった部分もあるのかもしれない。ですが福島の浜通りに一九七〇年代初頭に原発がつくられたとき、やはり未来の他者の幸福や不幸よりも自分たちのそのときの利益を優先したのだと思わざるをえませんでした。

『現代社会はどこに向こうか』の一三八ページに、野本三吉さんという福祉に関わっていた人の話が出てきますね。野本さんは横浜の寿町で福祉の仕事をしていて、その後、横浜市立大学の先生になった人です。彼は最終講義で、「福祉は衝動である」と言うんです。一見福祉とは困っている人を助ける、地味で禁欲的な行為であると思われているかもしれないけれど、本当はそうではない。助けないではいられないという衝動で行ってきたのだ、というわけです。がまんして人助けをしたのではなく、救いたいという衝動があって、そうするほかなかったのだ、と。福祉にたずさわっていなかった第三者がそう言ってもきれいごとに聞こえてしまいますが、野本さんのように徹底的に福祉の現場でやってきた人が言うと説得力があります。

この話を読んで思うのは、私たちも未来の他者のために衝動で動くことができるかがポイントだと思うのです。衝動が生じたときにはじめて、この問題を本当のかたちで乗り越えられるのではないでしょうか。

3・11もそうだし、現在のウクライナ戦争でも言えることですが、ある出来事というのは、大きなポジと大きなネガとに開かれる分岐点になります。いま起こっている問題をポジティヴに活かせるなら、斎藤さんの言う「脱成長」も現実味を帯びると思います。

斎藤 分岐点が訪れたときに、やはりなんらかのビジョンが必要ですね。ですから見田先生の「高原の見晴らし」や「脱成長」といった概念が、もうすこし日本でも出てくることを願っています。

マルクスが見たユートピア

大澤 資本主義批判を含むかたちで、環境問題を考えるとき、私たちは、過去を理想化する傾向がありますね。資本主義以前はいまよりも自然と人間が調和していた段階であったけれども、それらの調和が資本主義によって壊された、と。ただ、本当に資本主義以前には自然と人間は調和していたのかという疑問も残ります。両者のバランスも、現在の問題からの遡及的なまなざしの中でつくられた、という可能性もありますから。この問題については、いかがでしょうか？

斎藤　人間の技術が限られていたので、過去の方が自然によって規定される部分が大きかったことは確かですよね。中沢新一さんの「意味増殖」の話が他方にありますが、宗教や儀式によって自然の祟りを押さえていたという側面を見れば、人間と自然の関係性が資本主義のもとでのそれとは大きく違っているのは間違いないですね。

ですが、私も見田先生も、そしてマルクスも、過去を理想視してそうした状態に戻ろうという考え方ではありません。マルクスが最晩年に、ロシアや前資本主義社会に惹きつけられたのは、そこに人間の根源的なユートピアのようなものを見出したからです。

マルクスの場合のユートピアは前近代的な過去ではなく、パリコミューンだったのだと思います。人々がいろいろなものを共有し、女性も外国人も一緒になって、自発的に資本主義社会の中心地にまったく違う世界をつくり上げたのをマルクスは目の当たりにした。この経験がアナクロニズム的に共鳴していて、パリコミューンで現れたものを、ロシアの共同体の中に再び見出したという流れです。そして、最晩年のマルクスは、資本主義とは違う社会の可能性をもう一度考えなおすことになっていく。

ここでマルクスが描いていたコミューンとしてのコミュニズムは、見田先生の「コミューン主義」とまさに共鳴していると思います。『現代社会はどこに向かうか』の一五四ページですが、マルクスがコミュニズムを発想したとき、「コミューン主義の、後世「共産主義」とも翻訳されることになる、全体主義的ないわば大文字の Communism への実に微妙な、けれど決定的な、変質と反転があった」とあります。つまり、マルクスの描くコミュニズムとソ連のコミュニズムはやはり異なるものなのです。

大澤　見田先生は一九六〇年代、コミューン運動のようなものにポジティヴに関わられていましたから、先生のコミューンのイメージはそこと繋がっているんですよね。

斎藤さんは、バルセロナの例など、気候変動に関する新しい取り組みも紹介されていますね。見田先生の場合はコミューンを非常にローカルなものとして構想していますが、斎藤さんの場合は、都市レベルですよね。たしかに都市、地域、あるいは企業や生産者組合のレベルでは、自主管理的で民主主義的なコミューンをつくることは可能かもしれません。

問題はそれらをどういうふうに連合させていくかですよね。私たちの日常生活は、小さなコミュニティでは調達できないものに依存しています。その依存を少しずつ減らす必要もあるのかもしれないですが、それでも、電気や水や食糧やインフラ的なものやインターネットを含むコミュニケーションのための環境等々はコミューンだけで十分に調達できるわけではありません。私たちの生活のほとんどの要素がコミューンでは準備できていないことになります。コミューンのレベルの共同性で充足してしまうと、インフラなどの大部分は現在のシステム――国家に結びつくシステム――にただ委ねることになりかねませんから、そこに大きな「疎外」が生まれる可能性が出てきます。ちなみに、見田宗介の場合、コミューン的なもの（交響圏）の連合を「ルール圏」というかたちで実現しようという着想がありますが[*19]、その可能性についても検討してみるとおもしろいかもしれません。

斎藤　エネルギーに関して言えば、コミューンの中でも再生可能エネルギーで自活していけるようにはなると思います。もちろん、現状は太陽光パネルの資源はアフリカからもってくることになってしまうので難しいところですが。

また農業についても、見直さなければならない。日本は食料自給率も低いですし、東京だけで言えば自給率は一パーセント程度。こうしたライフスタイル自体は大幅に見直していく必要があります。一方で、私はヤマギシ会のようなコミュニティには批判的です。そこに力点を置いてしまうと、自分たちだけのコミュニティになってしまうからです。最近、藻谷浩介さんなどが、里山がいくら頑張っても東京が何もしないようでは大洪

＊19　見田宗介『社会学入門――人間と社会の未来』（岩波新書、二〇〇六年）の補章として掲載されている。コミューン的なものの内部には、生きることの歓びの源泉としての〈他者〉との関係性があり、一方でその外部の「他者たち」との関係においては、相互の自由を尊重し侵害しないための協定（ルール）を必要とする、と見田は構想している。

水は止められないのだと言っています。ですから、都市レベルで連合体をつくっていくことが必要ですし、バルセロナやミュニシパリズム[*20]のあり方は模範になります。資本主義の枠内でできてしまうという批判はもちろんありますが、市民が直接参加し、自分たちの自治の領域を広げ、新しい感性や主体性が生まれてくることの希望も感じます。それはヤマギシ会ほどハードルの高いものでなくて、もう少し地に足がついた方法です。

『人新世の「資本論」』ではソ連との住み分けをするために、国家の話をしませんでした。私は国家の役割を否定しているわけではもちろんなく、ある種の再分配やインフラの整備、グリーンエネルギーへの投資は国家がやっていく必要はあると考えています。しかし、国家レベルでどう規制をかけていくかを考えるのは、今後のテーマですね。大澤先生がおっしゃったように、この問題を考えないと、小さなレベルでのコミューンだけにとどまり、その外部に資本主義が巣食うことになる。これでは、別のかたちでの「外部化」が起こり続けることになります。

大澤　国家をやみくもにただ全面的に否定すると、逆に国家の横暴を許すことになりかねません。国家を乗り越えるということは、いま国家が果たしている機能や役割を何がどのようなかたちで代替していくかを考え、実現することです。

日本で革命は起きるか

斎藤　日本の場合で言えば、いまコミューン的な下からのアソシエーションがない中で、仮に政権交代しても社会がよくなるとは思えません。一方で、単にアナーキスト的にコミューンをつくっていてもうまくいかない。そのあいだを考えなければなりません。

大澤　見田先生は『現代社会はどこに向かうか』で、新しい世代の価値観について世界価値観調査を使って分析しています。国際比較をするときにあまり適切なデータがないのですが、世界価値観調査は数少ない頼りになる調査です。

この調査の中に、「あなたの社会はこれからよくなると思いますか」といった質問があります。そうすると、日本の十八歳くらいの若者はほかの国と比べて極端に希望が薄いということがわかります。たしかに経済が大幅に成長するわけじゃないとしても、「よくなる」というのは広い意味ですから、なにも経済的な指標だけではないはずです。なので、経済成長はなくても、社会はよくなると考える余地は十分にあるはずですし、実際、ほかの豊かな社会の若者はそういう希望をもっている。しかし、日本の若者の場合には

---

*20　バルセロナの「フィアレス・シティ」（国家による新自由主義政策に反対し、住民のための革新的な自治を掲げる地方自治体）のような、国境を越えて連帯する自治体のネットワーク。

そうではない。ならば、自分でよくするように変えようとするかといえばそうではなく、現状を諦観をもって、半ばシニカルに肯定してしまっているところがあります。

日本ではSEALDsなどが出て、ある程度話題になったこともありましたが、十分にインパクトのある運動にまでは発展しませんでした。ヨーロッパのグレタさんやあるいはサンダースを支援するアメリカの若者の運動のようなインパクトはもちえなかった。斎藤さんは、お書きになっているものの中では、特に日本に限定せず、さまざまな国や社会の事例を視野に入れていらっしゃいますが、日本の状況についてはどう考えられますか？

斎藤 日本財団が二〇一九年に行なった「十八歳意識調査」の中の「自分で国や社会を変えられると思う」という設問に対して、日本は「思う」が一八・三パーセント。それに対して、インドは八九・一パーセントで、ベトナムや中国も七割は超えています。こうしてみると、日本は圧倒的に低い数字です。自分たちはブランドもいらないしいまが幸せだ、という考え方は一歩間違うと、容易に劣悪な搾取を受け入れることになってしまう。

では、なぜアメリカやイギリス、ヨーロッパでは新しい流れが生まれたのでしょうか。もちろん影響力のある運動家が現れたことも理由のひとつなのですが、同時に言論のレベルでポスト資本主義を語る論者たちがいたことは大きい。日本ではソ連崩壊以降、マルクスを論じる学者が激減していたのに対して、欧米はマルクス主義が爆発的に増えたわけではないものの、劇的には減らなかった。そうした中で、若い世代が、ソ連やこれまでの階級中心主義とは違う、ジェンダー、先住民、植民地支配の問題を取り入れたバージョンアップしたかたちでの「ポストキャピタリズム論」を展開していくことになりました。中には、非常に楽観的な技術論もあるのですが、それは少数です。「ポスト資本主義」の議論が言論空間で醸成され、そこに現実の出来事が起こると、「いまの社会が必然ではないのだ」という気づきに繋がりやすいのだと思います。アメリカはオキュパイやサンダース現象、ブラック・ライヴズ・マター（ＢＬＭ）といった運動がさまざまに起こっていて、それが政治の次元で反映されつつあります。私が思い描いているような「上から下の流れ」と「下から上の流れ」、つまりハートとネグリが『アセンブリ』で描いているようなリーダーシップが現実に行われているように感じています。[*21]

大澤　世界を見ていると希望を感じることはあります。それに対して日本の現状は少し寂しい気持ちで見ています。

私が若かった頃は、世界と日本の状況はそう乖離していなくて、日本で考えるべきことを考えていれば、それは世界の問題にもつながっているという気持ちがあった。しかしいまは、そういう気持ちにはなりにくい。

日本の外でも深刻な問題が起きていますが、同時にそれに触発され、その問題に対抗しようとする運動も起こっています。例えば黄色いベスト運動やオキュパイしかりＢＬＭ

＊21　アントニオ・ネグリ、マイケル・ハート『アセンブリ――新たな民主主義の編成』水嶋一憲、佐藤嘉幸、箱田徹、飯村祥之訳、岩波書店、二〇二二年。

しかり。問題が変革のための思考や行動の発火点になっていることを思えば、それらの問題にポジティヴなものを見出すこともできます。しかし、日本の場合にはそうした運動はほとんど起きない。では、日本にはそもそも問題がないのかと言えば、もちろんそんなことはない。今日ずっと話題にしてきた環境や気候の問題はその典型ですが、日本もまた同じように深刻な問題に直面している。

斎藤　私もそれは感じています。いまの日本でも局所的にはいろいろな取り組みがあって、西成や里山資本主義、水俣の運動などもその例です。ただ、海外のような発火点になる運動にはなかなか発展しません。悲観主義に陥らず、新しい運動に繋がるような言説をどうつくっていけばいいのか、考えどころです。

最初の話にもどりますが、日本は一九八〇年代末から九〇年代にかけて見田先生、宮本先生、宇沢先生のような議論が展開されていたにもかかわらず、二〇〇〇年代に入るとそれが消えてしまった。リーマンショックのあとも、こうした議論が低迷したままで、新しい社会を描いていこうとするムーブメントが起こらなかった。

マルクスを使った資本主義批判はされてきましたが、マルクスを使って新しい社会的な理論を描こうとする試みは、ほとんど行われてきませんでした。柄谷行人さんが「交換様式D」*22でやろうとしたことはそれに近いと思いますが。

ですから、海外の盛り上がりと比較すると、日本ではこうしたポスト資本主義論が決定的に欠けていると思わざるをえませんでした。『人新世の「資本論」』を書くことで、低迷する若い世代をエンパワメントしたいという気持ちもありました。

大澤　斎藤さんの場合、「脱成長」に「コミュニズム」ということを付けました。また見田宗介の場合には、あのロジスティック曲線の最終局面に「高原の見晴らし」というイメージを与えました。僕はまず、目指すべきものに、人を惹きつける名前を与えることがけっこう重要だと思うのです。名前をもつことで、目指すべき地点がポジティヴなものに転換するからです。

今日は、斎藤さんの脱成長コミュニズムの構想と見田宗介先生の特に後期の現代社会論について、その基本的な類似と微妙な差異について、さまざまな角度から検討することができました。全体として、気候変動の問題を乗り越える上でどんな課題があるのか、どのような方向に解決の糸口を見出せばよいのか、見えてきたように思います。最後に、日本の現実について少し批判的なことを言ってしまいましたが、ほんとうは、斎藤さんの本、見田先生の本が出てきたことだけでも希望をもつことができる材料です。僕はそれほど悲観してはいません。今日は、長時間ありがとうございました。

（対談日：二〇二二年八月二十九日）

＊22　柄谷行人が独自の交換様式論で提起した概念（『世界史の構造』『力と交換様式』）。交換様式A「互酬（贈与と返礼）」、B「服従と保護（略取と再分配）」、C「商品交換（貨幣と商品）」に加えて、自由と平等の両方が確保されているユートピア的な交換様式Dがある。交換様式Dは、「交換様式Aの高次元での回帰」であるとされる。

見田宗介

『現代社会の理論――情報化・消費化社会の現在と未来』概要

本書は〈情報化／消費化社会〉と呼ばれる現代の社会システムの功罪を、「光の巨大」と「闇の巨大」というキーワードによって解き明かし、そこに存在する矛盾を克服する道を探求している。この本の構想は、研究会ＣＣＣＴでの一九九六年の報告会での発表が発端になっている。見田は現代社会のソフトな諸現象を、ハードなシステムの骨格を理論化することで明らかにしたいと考え、本書をその一部として、七部構成の〈現代社会の理論〉を打ち立てることを構想していたようである。

本書は四章から構成されており、第一章では〈情報化／消費化社会〉の光の側面について、第二・三章では闇の部分についてそれぞれ分析を行い、第四章で理論としての統合と、実践としての矛盾の克服を説いている。

＊

一章では、〈情報化／消費化社会〉というシステムが、近代市民社会の原理にとって必然の展開でありながら、明確にこれまでの時代とは異なる新しい時代であること、同時に相対的な卓越と魅力性を持つことを示している。

冷戦構造の中で、「社会主義」体制の側は「資本主義の基本的矛盾」として、恐慌が発生し、それを解決するために必然的に軍事需要が起こると批判した。しかし第二次世界大戦後の資本主義諸国は、必ずしも軍事需要に依存することなしに、決定的な恐慌を回避し繁栄を持続する形式を見出すことになる。その裏付けとして引かれるのは、一九六〇年代の四つの先進資本主義世界（アメリカ、イギリス、ヨーロッパ共同市場諸国、日本）の世界貿易シェアの拡大率を示すグラフで、このデータから比較すると、軍事支出が少ない資本主義経済圏の方が発展・繁栄していることが示される。

この「現代社会」の基本的な特質の萌芽は、より以前の「繁栄の二〇年代」と呼ばれるアメリカやヨーロッパにおいてすでに見られる。工場などでは、現代的な管理による生産システムが敷かれ始めたが、一九二七年には、その転回が消費・流通を含む生産の巨大なサイクルにも起こる。その象徴的な例に挙げられているのは、「T型フォード」車に対する、ゼネラルモーターズ（GM）の勝利である。つまり、機能化し、規格化し、画一化する、大量生産方式を極めた古典的な資本主義システム（＝「T型フォード」車）が、「消費者の感情と動機と欲望」により訴えかけるシステム（＝GM）にとって代わられたのだ。

これを見田はロラン・バルトの「モードの理論」を引いて説明する。モード（流行）は消耗のリズム（u）と購買のリズム（a）の関係で説明できるが、aがuを上回ったとき（a＞u）、モードの支配力は高まる。GMは、デザインと広告という〈情報化〉によって前シーズンまでのモデルを「自己否定」して、新しいモデルを提示し続けることで、消費社会を駆動するメカニズムをつくり出した。すなわち、情報によって無限の欲望が生み出されるというわけだ。

ここでポイントなのは、恐慌と軍事需要を引き起こしてしまう古典的な資本主義を乗り越える形式こそが、この〈情報化／消費化社会〉だと指摘しているということである。このシステムは、自然や文化といった欲望を限定し固定化する力から解放され、この内部で欲望を形成するシステムであり、これこそが「純粋な資本主義」だという。

＊

その上で、現代社会の全体的な認識をめざす理論は、このシステムの外的な「限界」に立ち現れる問題系を視界に入れなければならないとし、このシステムの闇の部分に斬り込んでいる。本書で議論される問題は主に二つある。そのひとつは二章で扱われる環境、公害、資源、エネルギー問題、二つめが三章で扱われる南北の飢餓と貧困の問題である。

まず、環境と公害の問題で例に挙げられるのが、一九五〇年代アメリカで引き起こされた大規模な環境汚染。レイチェル・カーソン『沈黙の春』を引きつつ、農薬の散布によって動物たちの生態系に深刻なダメージが与えられたことに言及する。加えて五〇年代・六〇年代の日本における事象として、水俣をはじめとした公害被害も挙げられる。ここで起こったのは、大量の農薬の〈消費のための消費〉、そして人間と自然の現実的なバランスを考慮せず、利益のための効率化を自己目的化する〈構造のテレオノミー的な転倒〉

であったと見田は指摘している。

また、環境・公害問題と同時に資源・エネルギーの有限性の問題もある。二十世紀後半にエネルギー消費量は人口増加と比較しても明らかに急増しており、同じ規模の「成長」を、次の半世紀に同じ仕方で継続することは物理的に不可能である。この成長率が続けば、資源の枯渇は避けられず、「限界」が訪れる。この資源・エネルギーの限界は、翻ってまた環境にも負担を強いる。「大量生産／大量消費」は無限ではなく、「大量採取→（大量生産→大量消費）→大量廃棄」という限界づけられたシステムだということは明らかなのである。

こうしたひとつめの問題は、二つめの問題である「南北の飢餓と貧困」とも通じている。歴史的な大量消費社会は、大量採取と大量廃棄をその「外部」の諸社会、諸地域に転移することをとおして存立してきた。現在も、過去の植民地列強は、かつての被支配国から一次産品＝資源を大量に、かつ安価で輸入している。さらには、こうした資源の採掘や伐採自体にともなう周辺環境の汚染、悪化を引き起こしてきた。こうした環境汚染は当初からあったものの、七〇年代以降、とりわけ八〇年代以降にこうした「南」への転移は深刻化している。水俣で起こったことと同じ構造が、全世界で起こったのである。また、こうした「南北問題」は、環境／資源的な限界の域外転化だけではない、と見田は述べている。収奪された諸社会・諸地域は、従来の共同体的な基盤を解体され、貨幣経済の中に投げ込まれる。それによって、貨幣の一定量の「必要」が生じるが、その必要は満たされることはないため、南の貧困は拡大していく。このシステムはさらに、「北」

においては、年収数千ドルという絶対的な「必要」をつくり出し、新しいタイプの貧困を生み出すことにもつながっている。

*

しかし、こうしたシステムの矛盾と欠陥があったとしても、〈情報化/消費化社会〉が相対的にほかのシステムよりも魅力的なのは、「自由」をその根本原理とするからだというのが、見田の主張である。その上で、人間はこのシステムの不幸をどのように乗り越えることができるのか?

この答えとして、四章では、情報/消費のシステムのまったく新しい形態を理論として構築し、〈自由な社会〉という理念を手放すことなしに、現在あるようなかたちの「成長」依存的な経済構造=社会構造=精神構造からの解放の道を探ろうとしている。

そのためにまず、バタイユとボードリヤール以後の二つの「消費社会」理論が参照される。この二つは重ね合わされることが多いが、見田は、前者をconsumation〈充溢し燃焼しきる消尽〉としての〈消費〉、後者をconsommation〈商品の購買による消費〉としての「消費」と定義づける。原義としての〈消費社会〉において、〈消費〉は〈他の何ものの手段でもなく、それ自体として生の歓びであるもの〉であり、それはどのような自然収奪も、他社会からの収奪も必要としない。それに対して転義としての「消費社会」、商品の大衆的な消費の社会もまた、現在あるようなかたちではない可能性を考えられるなら、「限界問題」を乗り越える見とおしはある。しかし、このためには原義としての〈消費〉というコンセプトを軸にしなくてはならない。

見田は、ここで「方法としての消費社会」という見とおしを提案する。そして、これに生じるであろう消費社会擁護・消費社会廃絶双方からの批判に答えつつ、自然収奪的でなく他社会収奪的でないような仕方で、需要の無限空間を見出す条件として「情報化」というコンセプトを改めて提起する。

加えて、「認知としての情報」「設計としての情報」「美としての情報」の三種に分け、「情報」というものの本質に踏み込む。この中で、見田が特に重要と見なしているのは「美としての情報」である。物質的な成長はいずれ限界を迎えるが、美としての情報に終わりはない。ここには物質的な消費から解放された、知と感性と魂の深度に向かう空間があると指摘する。そこに「肯定的な生のかたちに向かう自由」を見出すのである。

見田宗介『現代社会はどこに向かうか――高原の見晴らしを切り開くこと』概要

「歴史の巨大な曲がり角」に立たされる現代、私たちはこの転換点とその後の時代の見晴らしをどのように切り開くことができるのか。この問いに対して、徹底的なデータ分析を取り入れながら、斬新な理論を打ち立てて応答しているのが本書である。

二〇一八年に出版された本書は、見田宗介が以前より書き残してきた論考を改稿した章と、新たに書き下ろされた章から構成されている。序論の原型は、二〇一一年に〈定本　見田宗介著作集〉第一巻『現代社会の理論』に収録されたのち、二〇一六年の「現代思想」の特集『見田宗介＝真木悠介』と、『社会学入門』（二〇一七年以降の版）に収録されたものである。序章と補章を含む全七章からなるが、この概要では、本書の骨格となる理論がまとめられている序章の内容を主に紹介する。

＊

現代社会は「巨大な転換」に直面している一方で、「減速・停止」にもさらされている、と見田は指摘している。七〇年代までの人びとが自明としていたのは「歴史が「加速度的」に進歩し発展する」という感覚だった。現に、エネルギー消費量の変化から見ても、その発展は確かなことである。その一方で、人々の意識は「減速」あるいは「停止」していることが明らかになる。その根拠となるデータが、NHKによる「日本人の意識調査」である。この調査では、戦後の世代をおよそ十五年ごとに五つの世代に分け、各世代の意識の変化を分析しているが、七〇年代にあった世代間の意識の距離は、八〇年代にはほぼ消失している。このように変化が「小さくなっている」という事実と、変化が「巨大である」という矛盾が「現代」を理解する上で欠かせないというのが、本書の問いの前提である。

この「現代社会」の矛盾を解明する上でもち出されるのが、「ロジスティック曲線」(二〇ページ参照)と呼ばれる生命曲線である。一定の環境条件の中に、環境要件によく適合した動物種を新しく放つと、はじめは少しずつ増殖し、ある時期に急速な増殖期を迎える。そして環境容量の限界に近づくと再び増殖が減速し、やがて停止して安定平衡期に入る、というS字型曲線を描く、というものだ。人間という生物種も同様で、数千年来少しずつの増殖を重ねたが、産業革命以後は急速に増殖し、一九七〇年を折り返し点としてそれ以後は急速に低下している。

人間の歴史をこの曲線に当てはめると、第一の変曲点を経過したあとの「大増殖期」が「近代」、そしてその後の安定平衡期に至る第二の変曲点が「現代」にあたると考えることができる。このように考えると、現代社会の矛盾は、「高度成長」をなお追求しつづける慣性の力線と、安定平衡期に軟着陸しようとする力線との、拮抗するダイナミズムとして把握することができるようになる。

このS字曲線の二つの変曲点を、見田はカール・ヤスパースの言葉を引いて〈軸の時代〉と呼んでいる。そして、この〈軸の時代〉を説明する上でポイントとなっているのが、「無限」と「有限」の二極である。

〈軸の時代Ⅰ〉と呼ばれるひとつめの変曲点は、原始社会から文明／近代社会に至る時期である。この時期に古代ギリシア哲学、ヘブライズム、仏教、中国の諸子百家など思想が次々と生み出され、人びとの思考を共同体という閉ざされた領域から解き放つことで、「無限性」が立ち現れた。

しかしその後、フォードなどに見られる古典的な資本主義は、大量生産・低価格化によって市場を飽和させてしまい、「資本主義の矛盾」である経済恐慌を引き起こす。そこで登場したのが〈情報化／消費化資本主義〉のメカニズムである。この議論は『現代社会の理論』で扱われていることに等しい。GMに代表されるこのメカニズムは「デザインと広告とクレジット」という情報化の力によって消費市場を自ら創り出し、資本主義の矛盾を克服しようとした。これによって「無限」に成長する消費と生産のシステムがつくり出され、二十世紀後半の高度経済成長の最終局面を支えることになる。

このシステムは資源の無限の開発＝採取と環境廃棄物の無限の排出をもたらす。しかし本来、資源／環境は「有限」なものである。そこで人間は「域外」をつくり出し、発展途上国などから資源を調達し、廃棄物を海洋や大気圏などへと排出することによって、環境容量をもういちど無限化し、この有限性を乗り越えようとした。しかしながら当然、このグローバル・システムには限界がある。これまで「征服」の対象だった自然は、人間が持続的に生存するための「共生」の対象となった。こうして、人間は「無限」を追求することをとおして、最終的に「有限」を立証することになったのである。

この「有限」に直面した現代＝〈軸の時代Ⅱ〉に、新しい局面を生きる思想とシステムを構築しなければならない、というのが本書の主張である。では、この変曲点を乗り越えた先の社会はどのようであるべきなのか。

その応答として見田が主張するのが、「高原の見晴らし」（プラトー）を開くことである。この高原の見晴らしは、文明の成果を保持したままで、これ以上の物質的な「成長」を不要なものとすることで実現されるという。

＊

序章で以上の総論が展開されたのち、各章において、以下のさらなる分析がなされる。

一章「脱高度成長期の精神変容」では、NHK放送文化研究所の「日本人の意識」調査の結果から、脱高度成長期の日本人の精神の変容の方向を、特に青年層の意識の変化から考察する。特に、①「近代家父長制家族」の解体、②「生活満足度」の増大と「保守化」、③〈魔術的なるもの〉の再生、の三つの大きな分野における変化から、経済成長課題の完了、これによる合理化圧力の解除あるいは減圧を読み取り、さらに大きな歴史的視界の中での把握を試みる。

二章「ヨーロッパとアメリカの青年の変化」では、西ヨーロッパ、北ヨーロッパ、アメリカ合衆国を中心とする、日本同様すでに高原期に入った高度産業諸社会における精神変容について、「ヨーロッパ価値観調査」及び「世界価値観調査」の結果をもとに分析する。

三章「ダニエルの問いの円環」では、ダニエル・エヴェレット『ピダハン』とダニエル書、二人の「ダニエル」を参照しつつ、安定の高原に踏み入れるときに取り戻すべき基底としての〈幸福感受性〉を見出す。

四章「生きるリアリティの解体と再生」では、二〇〇八年秋葉原無差別殺傷事件を起点に、「近代」において未来へ未来へとリアリティの根拠を先送りしてきた人間が「現代」において、はじめてその生のリアリティの空疎に気づくことで生まれる「現代」固有の構図を考察する。

五章「ロジスティック曲線について」では、特に人間社会論、現代社会論へのロジスティック曲線の適用について、さまざまな水準の問題点を徹底して考察し、体系的に理論化すると同時に、「現代社会はどこに向かうか」という本書主題への展開を行う。

六章「高原の見晴らしを切り開くこと」では、改めて経済成長の完了したあとの高原の見晴らしについて、これ以上の経済成長のない社会とは、停滞した、退屈な社会ではないか、という問いに対し、価値基準の転回を論じるかたちで応答する。

さらに、補章「世界を変える二つの方法」は、「現代社会はどこに向かうか」という主題からは少し離れ、どのように実現するかという実践論の走り書きとなる。

ブックリスト
気候危機と資本主義のその後を考えるために

＊トピックごとに刊行年順。翻訳書の場合、〔　〕内が原著刊行年。

【マルクス】

・マルクス／エンゲルス『共産党宣言』森田成也訳、光文社古典新訳文庫、二〇二〇年〔一八四八年〕
・カール・マルクス『〔新書版〕資本論』全十三巻、資本論翻訳委員会訳、新日本出版社、一九八九年〔一八六七年〕

【科学技術への疑い】

・レイチェル・カーソン『沈黙の春』青樹簗一訳、新潮文庫、一九七四年〔一九六二年〕
・庄司光・宮本憲一『恐るべき公害』岩波新書、一九六四年
・原田正純『水俣病』岩波新書、一九七二年
・武谷三男編『原子力発電』岩波新書、一九七六年
・シーア・コルボーンほか『奪われし未来　増補改訂版』長尾力／堀千恵子訳、翔泳社、二〇〇一年〔一九九六年〕

・スベトラーナ・アレクシエービッチ『チェルノブイリの祈り―未来の物語』松本妙子訳、岩波現代文庫、二〇一一年〔一九九七年〕

【環境・気候への意識と資本主義システム批判】

・D・H・メドウズほか『成長の限界―ローマ・クラブ「人類の危機」レポート』大来佐武郎監訳、ダイヤモンド社、一九七二年

・F・アーンスト・シューマッハー『スモールイズビューティフル―人間中心の経済学』小島慶三・酒井懋訳、講談社学術文庫、一九八六年〔一九七三年〕

・イヴァン・イリイチ『コンヴィヴィアリティのための道具』渡辺京二／渡辺梨佐訳、ちくま学芸文庫、二〇一五年〔一九七三年〕

・玉野井芳郎『エコノミーとエコロジー―広義の経済学への道　新装版』みすず書房、二〇〇二年〔一九七八年〕

・コルネリウス・カストリアディスほか『エコロジーから自治へ』江口幹訳、緑風出版、一九九三年〔一九八一年〕

・イマニュエル・ウォーラーステイン『史的システムとしての資本主義』川北稔訳、岩波文庫、二〇二二年〔一九八三年〕

・宮本憲一『環境経済学　新版』岩波書店、二〇一六年〔一九八九年〕

・見田宗介『現代社会の理論―情報化・消費化社会の現在と未来』岩波新書、一九九六年

・アントニオ・ネグリ／マイケル・ハート『〈帝国〉―グローバル化の世界秩序とマルチチュードの可能性』水嶋一憲ほか訳、以文社、二〇〇三年〔二〇〇〇年〕
・宇沢弘文『社会的共通資本』岩波新書、二〇〇〇年
・広井良典『定常型社会―新しい「豊かさ」の構想』岩波新書、二〇〇一年

【自然と人間の関係の再定義】

・ティモシー・モートン『自然なきエコロジー―来たるべき環境哲学に向けて』篠原雅武訳、以文社、二〇一八年〔二〇〇七年〕
・ディペシュ・チャクラバルティ『人新世の人間の条件』早川健治訳、晶文社、二〇二三年〔講演：二〇一五年〕
・ブルーノ・ラトゥール『地球に降り立つ―新気候体制を生き抜くための政治』川村久美子訳、新評論、二〇一九年〔二〇一七年〕
・篠原雅武『人新世の哲学―思弁的実在論以後の「人間の条件」』人文書院、二〇一八年

【資本主義を超えたシステムへ】

・宇根豊『農本主義のすすめ』ちくま新書、二〇一六年
・岩佐茂／佐々木隆治編著『マルクスとエコロジー―資本主義批判としての物質代謝論』堀之内出版、二〇一六年

- マーク・フィッシャー『ポスト資本主義の欲望』大橋完太郎訳、左右社、二〇二二年［講義：二〇一六年］
- 佐伯啓思『経済成長主義への訣別』新潮選書、二〇一七年
- 見田宗介『現代社会はどこに向かうか—高原の見晴らしを切り開くこと』岩波新書、二〇一八年
- アーロン・バスターニ『ラグジュアリーコミュニズム』橋本智弘訳、堀之内出版、二〇二一年［二〇一九年］
- 斎藤幸平『大洪水の前に—マルクスと惑星の物質代謝』角川ソフィア文庫、二〇二三年［堀之内出版、二〇一九年］
- セルジュ・ラトゥーシュ『脱成長』中野佳裕訳、文庫クセジュ、二〇二〇年［二〇一九年］
- 斎藤幸平『人新世の「資本論」』集英社新書、二〇二〇年
- ジェイソン・ヒッケル『資本主義の次に来る世界』野中香方子訳、東洋経済新報社、二〇二三年［二〇二〇年］
- 大澤真幸『新世紀のコミュニズムへ—資本主義の内からの脱出』NHK出版新書、二〇二一年
- ヨルゴス・カリスほか『なぜ、脱成長なのか』上原裕美子／保科京子訳、斎藤幸平解説、NHK出版、二〇二一年
- 大澤真幸『この世界の問い方—普遍的な正義と資本主義の行方』朝日新書、二〇二二年
- 大澤真幸／平野啓一郎『理想の国へ—歴史の転換期をめぐって』中公新書ラクレ、二〇二二年
- 柄谷行人『力と交換様式』岩波書店、二〇二二年
- 大澤真幸『資本主義の〈その先〉へ』筑摩書房、二〇二三年

論文

資本主義とエコロジー

大澤真幸

Ⅰ　資本主義を維持すべきか、捨て去るべきか？

1　市場メカニズムを活用した温暖化対策

地球温暖化問題に代表されるエコロジカルな危機を、資本主義の枠内で乗り越えることができるだろうか。それとも、資本主義そのものの外に出なくては、危機に対処できないのか。

資本主義の現状をほぼそのまま追認しながら、市場のメカニズムを活用して、温暖化問題を克服しようとする代表的な方法として、炭素税や排出権取引がある。炭素税は、二酸化炭素を排出する化石燃料や電気などを使用した個人や企業に対して、その排出量に応じて課せられる税である。排出権取引は、企業や国家に対して、温室効果ガス（二酸化炭素等）の排出枠（排出が許される量）を割り当てる方法だが、この制度のポイントは、その排出枠を市場で取引できる点にある。国家・企業は、もちろん、排出枠内でしか、温室効果ガスを排出できないのだが、枠が不足している場合、枠が余っている他の企業や国家から排出枠を購入することができる。

どちらも一部の国で導入されているが、効果が十分であるとは言えない。私の考えでは、この方法には、原理的な限界がある。その限界については、かつて宇沢弘文が指摘していたことだが、行動経済学的な含意をもった次の事実がその本質を例示してくれている。それは、イスラエルの保育園で実際に起こったことである。その保育園では、子供を規定された時刻までに迎えに来ない親がたくさんいることに悩んでいた。そこで、保育園は、遅刻した親に罰金を課すことに決めた。そうすれば、迎えの時刻に遅れる親は減るはずだ。ところが、もくろみに反して、規定の時刻までに迎えに来ない親がますます増えてしまったのだ。なぜか？罰金が、遅刻への許可証となってしまったからである。親たちは、罰金が導入される前から、遅刻することに対して道徳的な負い目を感じていたのだ。しかし罰金を払うことで、その負い目が消え、遅刻することが、親の許された権利になってしまったのである。このように罰金が、「遅刻」の道徳的な価値を変えたことが、罰金導入後に時間を守らない親が増えた原因である。

同じことが炭素税にも当てはまりそうだ、と容易に推測できる。道徳的な価値をもった禁止や規制は、貨幣的価値をもったとたんに道徳的にニュートラルなコストになり、それに見合った利得を積極的に求めることが合理的な行動と見なされるようになる。この効果は、炭素税の場合よりも排出権取引の方がより一層大きくなるだろう。税の場合はまだ、市場の外部から要請された「禁止」の痕跡を残している。しかし、排出権は完全に市場に内在化された、売買可能な商品である。適切な価格で買われた排出権は、必ず使われるだろう。

したがって、次のように推測することができる。エコロジカルな危機への対策をこのような仕方で市場に任せたときには、危機に対して人間がもつべき倫理とは正反対の態度を生み出すことになる。市場化したとたんに、市場における評価、貨幣によって測られる価値が、行動の道徳的な価値に対して優越し、前者が後者を締め出すことになるのだ。

2　加速主義の夢想とジオエンジニアリングの諸提案

別の意味で資本主義に期待する戦略もある。すなわち、市場メカニズムそのものの中に、温暖化対策の手段を内在させるのではなく、資本主義がもたらすと期待できるテクノロジーに解決を頼る戦略である。不断の技術革新《イノベーション》は資本主義の本質的な傾向性である。テクノロジーに期待するのであれば、資本主義の展開を阻む要因や規制を外した方がよい。

そのような主張の最も極端なタイプは、加速主義 accelerationism を唱える論者に見出すことができる。例えばイギリスのジャーナリストのアーロン・バスターニは、現在の技術的なブレークスルーは、新石器革命（農耕・牧畜の開始）にも匹敵するレベルのものであって、次のようなテクノロジーがやがて生まれるだろう、と主張する。[*1] 食用の肉は、やがて工場で生産される（人工肉）。だから、牛を育てる広大な牧草地は不要になる。人々は病気で苦しむことはなくなるだろう。なぜなら、遺伝子工学がそれを解決するからだ。オートメーション化によって、人間は労働する必要がなくなる。ところで、ロボットを動かすには電力が必要になるのだが、どうすればよいのか。無償で無限の太陽光エネルギーがあるではないか！　しかし、そうしたも

*1　アーロン・バスターニ『ラグジュアリーコミュニズム』橋本智弘訳、堀之内出版、二〇二一年（原著二〇一九年）。

のを動かす人工知能的な機械にはレアメタルが必要だが、どうするのか。宇宙資源採掘技術がやがて開発されるだろうから、地球近辺の小惑星でレアメタルを採掘することができるので大丈夫。等々。

なるほど、こうした技術があれば、問題は解決するかもしれない。が、これは、ひとつずつの課題について、それを解消できる、まだ存在しない技術やテクノロジーの出現を勝手に期待しているだけである。これは、解決策の提案とは言えない。夢想の類である。

*

もっとも、加速主義者のような夢想とは別に、もっと科学的に堅実に、気候変動対策としての技術が研究されてもいる。気候工学《ジオエンジニアリング》と一括されている、さまざまな技術がその代表例である。いずれも、地球という物理システムの一部に人為的に介入することで、地球の気候そのものに変化をもたらす方法だ。代表的なものを列挙してみよう。

たとえば太陽放射管理 Solar Radiation Management（SRM）と呼ばれる技術。これは、成層圏に硫酸エアロゾルを継続的に散布することによって、太陽光を吸収・遮断し、地球を冷却する技術である。もっと直接的に、宇宙に鏡を設置することも考えられている。もちろん、鏡で太陽光を反射し、地球の温暖化を防ごうというわけである。あるいは、海洋に鉄を散布する方法も提案されている。鉄が入ると水が肥沃化し、植物プランクトンが大量に発生する。そうすれば、地球全体で光合成が促進され、二酸化炭素が吸収されるだろう。等々。

これらは、科学的な根拠のある研究に基づいた方法ではある。がしかし、実行されることはないだろう。なぜなら、副反応的な結果のすべては予想できず、中には、由々しく非常に恐ろしいものも含まれているかもしれないからだ。たとえばＳＲＭによって、地球の気温が下がったとしよう。しかし同時に、地球の水の循環に不可逆的な変化が生ずるだろう。その結果は、温暖化がもたらす影響よりももっと地球の生態系にとって破壊的かもしれない。

3　脱成長コミュニズム

資本主義の枠内では、エコロジカルな脅威——とりわけ地球温暖化——は克服できない。そのような判断のもとで、資本主義を超えた、あるいは資本主義とは別のシステムへの転換の必要を主張する論者もいる。そのような論者の、日本における代表は、「脱成長コミュニズム」を唱える斎藤幸平である。[*2] なぜ資本主義ではダメなのか。斎藤の説明は明快である。

資本主義を維持しつつ、気候変動に対抗するためには、つまり地球の過度な温暖化を解決するためには、経済成長と二酸化炭素排出量とをデカップリングしなくてはならない。しかも、ぜったい的にデカップリングしなくてはならない。普通は、経済成長と二酸化炭素排出量の間には

＊2　斎藤幸平『人新世の「資本論」』集英社新書、二〇二〇年。

正の相関関係がある。つまり、経済成長すればするほど、二酸化炭素排出量も増える傾向がある。これが、両者がカップリングしている状態である。気候変動の問題を克服するためには、経済成長の伸び率に対して、二酸化炭素排出量の伸び率を相対的に低下させる——これが「相対的デカップリング」——だけではまだ不十分である。経済成長しながら、逆に二酸化炭素排出量を減らすことができなくてはならない。これが「絶対的デカップリング」である。

しかし、斎藤によれば、事実上、絶対的デカップリングは不可能である。確かに、これまでの人間社会の「実績」（いろいろなことが言われ、試みられてきてもカップリングの状態は克服されていない）、近い将来実現しそうなテクノロジー、「ポイント・オブ・ノーリターン」（以前の状態にもどれなくなるポイント）の水準の平均気温に達するまでに残されている時間、等を考慮に入れれば、絶対的デカップリングはきわめて困難である。いや、はっきりと不可能だと断じてもよいかもしれない。

したがって、温暖化を回避するためには、「脱成長」しかない。つまり、成長しなくても、破綻せず秩序を維持しうる社会・経済システムを確立するしかない。ところで、斎藤の考えでは——というよりほとんどの人が認めているように——、資本主義は必然的に経済成長をともなう。そうである以上、われわれが求めるべきは、資本主義ではないシステムでなくてはならない。斎藤はこのように論を進め、そのようなシステムを、お蔵入りになっていた名前「コミュニズム」で呼んでいる。

斎藤が言う「脱成長コミュニズム」は、次の五つの条件を柱としている。

①「交換価値」によって規定された経済から、「使用価値」に重きを置いた経済へと転換する。大量生産・大量消費から脱却するために。
②労働時間を削減して、生活の質を向上させる。
③画一的な労働をもたらす分業を廃止して、労働の創造性を回復させる。
④生産プロセスの民主化を進めて、経済を減速させる。
⑤エッセンシャル・ワークを重視する。

これら五つの柱は、抽象のレベルが異なり——つまりきわめて具体的な提案もあれば、原理・原則に関する方針もある——、必ずしも同一平面に並列されるべき独立の条件ではないようにも思われる。

私の考えでは、五つの中で最も基礎的な条件、そして「脱成長」という目標にとって最も重要な条件は、①である。生産の目的が、不断に増殖する価値、つまり「交換価値」に置かれていれば、結果的に経済成長は不可避である。生産の目的が、「使用価値」に、つまり人間の基礎的ニーズを満たすことに置かれていれば、経済成長は不要になる。そのために、生産を社会的な計画のもとに置くべきだ、と斎藤は論じている。どの範囲、どの部分を社会的な計画のもとに置く必要があるのか、この点については、ここでは問いを開いたままにしておこう。

4　純粋資本主義としての〈情報化／消費化社会〉

社会学者の見田宗介も、ずいぶん前に、斎藤と似たような社会のヴィジョンを提示していた。「似ている」というのは、「脱成長」の部分である。すなわち、見田宗介も、人類が絶滅への道に入らず、なお今後も繁栄できるとすれば、それは脱成長型の社会であると見なしているのだ。

このあとすぐに解説するように、「脱成長」についての明示的な提案は見田の一九九六年の著書の中に現れるのだが、その後の著作の中では、脱成長のイメージは、生物学者が「ロジスティック曲線」と呼ぶグラフによって示されている。ロジスティック曲線とは、横軸に時間の経過、縦軸に（ある特定の種の）個体数をとったときに描かれる、S字型の曲線である（二〇ページ図）。

ある一定の環境、たとえば閉じられた森に新しい動物種が入ると、最初は徐々に個体数が増殖し、途中から急激に増殖する時期に入り、最後に増殖傾向がほぼなくなり、個体数は高止まりになる。が、これは、適応に成功したケースである。適応に失敗した種の場合には、増殖期のあと、高止まりで安定するのではなく、今度は個体数が減少し始める（絶滅に近づいていく）。

同じことは人間にも言えるはずだ。人間の個体数（人口）も、人間が地球環境にうまく適応すれば、最終的には高原のように安定した高止まりになるロジスティック曲線を描くだろう。

見田の考えでは、最初の変曲点のあとの増殖期は、広い意味での近代化――都市の形成などで始まる文明化の過程を含む広義の近代化――にあたる。われわれは現在、近代化の最終的な局面、つまり第二の変曲点のところにさしかかっている、というのが見田の時代診断である。とすれば、人類が次に向かうのは、高原なのか、それとも下り坂なのか。高原へと歩み入ることができれば、それは、人類の繁栄が続くということを意味している。

ロジスティック曲線は、直接的には、人口（個体数）の推移を示したものだ。しかし、これを経済の規模や人間の活動量の大きさとして読み替えても、基本的には同じことが言えるはずだ。最後の「高原」にあたる部分は、脱成長の経済を意味している。

＊

ここでの「脱成長」のポイントは、GDPの大きさではない。温室効果ガスを排出しない、地下資源を過剰に採取しない、海洋を汚染しない、等々の意味で、自然を破壊したり、収奪したりしないということが、ここでの「脱成長」である。見田は、一九九六年に出した『現代社会の理論』で、このような意味で脱成長的な社会は、資本主義そのものの内部で実現できる、と論じている。ここで、斎藤の主張と見田の主張は分岐する……ように見える。

見田の考えでは、資本主義を手放すのは望ましくない。資本主義には、闇の巨大もあれば、光の巨大もあるからだ。闇の巨大のひとつ――ただし最大の闇――は、環境問題である。すなわち、資源の収奪と自然の破壊だ。光の巨大は、資本主義が最も「自由な社会」であるということに根拠がある。光の巨大を維持しつつ、闇の巨大を克服できるのか。つまり、資本主義という基本的な枠組みの中で、環境の問題を克服できるのか。

「できる」というのが、見田の答えである。しかし、それは温室効果ガスの排出を市場化するような小手先の技術の問題でもないし、空想的な技術の出現を資本主義に要請する加速主義者のやり方とも異なる。はっきりと脱成長を目指しているが、資本主義の基底的な条件を維持したままそれが可能だ、というのが見田の結論である。とすると、斎藤幸平とは正反対のことが主張されているのだろうか。

見田の理路は要約しておこう。現代の資本主義は〈情報化／消費化社会〉であるとする認識が原点にある。資本制システムには、もともと矛盾がある。供給能力は無限拡大しようとするが、需要は有限である。両者の乖離が「恐慌」というかたちで顕在化する。この矛盾を、資本自体が、情報的な差異の生産を通じて、需要を無限に自己創出するという仕方で解決したのが、〈情報化／消費化社会〉である。デザインの違いは、情報的な差異の典型例である。商品に異なるデザインがほどこされれば、新たな需要が喚起される。情報的な差異を活用すれば、原理的には、需要をいくらでも創出することができる。〈情報化／消費化社会〉は、人間たちの欲望をつくり出す資本のシステムだ。それは、基本的に自己準拠的なシステムである。普通は、〈情報化／消費化社会〉は、典型的な資本主義からの逸脱や変容と見なされているが、見田によれば、そうではない。〈情報化／消費化社会〉こそ、純粋な資本主義、資本主義としての資本主義である。〈情報化／消費化社会〉であるところの資本主義は、必ずしも自然破壊的ではない、なぜか。

見田は、一般には盲点になっているシンプルな事実を指摘する。今述べたように、〈情報化／消費化社会〉は、情報化を通じて、需要の無限空間を触発することで成り立っている。考えてみると、需要の無限空間は、自然収奪的ではない仕方で見出される。たとえば、われわれはデザインに惹かれて商品を欲しくなるわけだが、デザインの魅力は、しかし、二酸化炭素の排出量にも、何かの地下資源の量にも依存しない。石油をたくさん使わなくては、よいデザインが思いつかないわけではない。要するに、情報化は、それ自体としては自然収奪的・自然破壊的ではない。

ここで自然収奪的ではない情報化のケースとして典型的に思い描かれているのは、情報がそれ自体として享受＝消費されるようなケースである。つまり、（広義の）美としての情報だ。情報には、他に認識情報と行動情報（指令情報）がある。認識情報は「知識」としての情報であり、行動情報は「プログラム」としての情報である。認識情報や行動情報は、物の生産のための手段的な位置をもつ場合が多く、なお自然の収奪・破壊に結びつきうる余地がある。しかし、美的情報の場合には、その享受は、自然収奪・破壊とは無関係である。

見田宗介は、消費のコンセプトには二つの位相があることに着目している。〈情報化／消費化社会〉を、消費の局面から理論化しているのが、ジャン・ボードリヤールを主たる担い手とする「消費社会」論である。「消費社会」の「消費」は、フランス語の“consommation”である。ところで「消費社会」の理論が、（生産ではなく）消費が本原的であると主張するとき、その理論の正当性と説得力の根拠となる理論がある。バタイユの「普遍経済論」である。だが、バタイユの〈消費〉は、“consommation”ではなく“consumation”である。消費の二つの位相とは、「消費」と〈消費〉である。両者はどう違うのか。

「消費」は、「商品の購買による消費」を意味している。では〈消費〉は何か？　バタイユが〈消費〉を例示する「歴史的な資料」として取り上げているのは、たとえばアメリカ先住民のいくつかの社会で見られるポトラッチのような祭儀である。〈消費〉とは、「充溢し燃焼し切る消尽」のことだ。というと、〈消費〉はいかにも環境破壊的に思われるかもしれないが、ここで重要なのは、生の主観的な充溢、主観的な燃焼やエクスタシーのことであって、自然を大規模に破壊するものではない。そして何より重要なことは、人間にとって、「消費」よりも〈消費〉の方が基底的だということだ。

〈消費社会〉にあっては、〈消費〉は〈それ自体としての生の歓び〉であって、大量の自然収奪を必要とはしない。また「消費社会」においても、〈消費〉のための「方法としての消費社会（市場システム）」という位置づけが可能である（つまり〈消費〉としての享受の対象を、市場を通じて商品として調達するということ）。とすれば、「消費」であっても、必ずしも自然収奪的ではない。「消費」は、究極的には〈消費〉に規定されているからである。

5 資本主義の内か、外か

〈情報化／消費化社会〉としての資本主義は、自然収奪的ではないものとして可能だ、という見田の議論に対する、最もありがちな批判は次のようなものである。情報化を支えているテクノロジー、つまりＩＴ関連の技術やインターネットは、大量の電力を消費しており、二酸化炭素の排出量を増大させているではないか、と。

この批判は、しかし、正鵠を外している。見田が問うているのは、〈情報化〉や〈消費〉という概念に、本質的に自然収奪性・自然破壊性が随伴しているのか、という点である。「いない」というのが見田の答えである。情報化や消費化を実現する技術や装置が自然収奪的であるということは、経験的・偶有的な問題である。確かに、現代の〈情報化／消費化社会〉は、大量の温室効果ガスを排出している。しかし、このことは、〈情報化〉や〈消費（化）〉が本来的に、電力の消費や二酸化炭素の排出を必要としている、ということではない。

それよりも、理論的に重要な問いは、斎藤幸平の〈脱成長コミュニズム〉と見田宗介の〈情報化／消費化社会〉の比較である。斎藤も見田もともに、エコロジカルな脅威への対抗策として「脱成長」の必要を説く。しかし斎藤は資本主義を否定し、見田は肯定している。両者は根本のところで対立しているのか。実質をよく見るとよい。確かに、両者は「同じ」であるとは言えないだろう。しかし、実は、見た目ほどには対立してはいない。むしろ基本的には同じ方角を向いている、と言ってよいのではないか。

斎藤の「脱成長コミュニズム」にとって最も重要な柱は、交換価値中心の経済から使用価値を準拠点とする経済への移行にある。見田の場合は、情報のそれ自体としての享受や〈消費〉を重視した。使用価値の消費と、見田＝バタイユの〈消費〉は同じものかと問えば、もちろん「否」

である。前者は後者よりも広い概念である。しかし、人を使用価値の消費へと向かわせる究極の要因は、——動物的な必要からは独立した人間的な欲望に規定された消費に関して言えば——、〈消費〉であると言うこともできるのではないか。

どちらも、貨幣の一般的等価性によって測られる価値には還元できないことへの欲望や生の享楽に、システムの最終的な準拠点を置いたときには、自然破壊的ではない社会が可能だとしている点では、同じである。そうして実現した社会が、まだ「資本主義」だと呼ばれようと、すでに「コミュニズム」と呼ばれようと、それはどちらでもよいことであろう。

以上の考察から得られる教訓は次のことである。資本主義は一般に、自然破壊的で、エコロジカルな危機を招き寄せるとされている。しかし、資本主義は、そこに内在している論理を純化したとき、まさに資本主義として純粋であるがゆえにもはや資本主義とは言えないシステムへと転換する。その転換したシステム——ある種のコミュニズムと見なすこともできる——は、エコロジカルな危機を超克する少なくとも潜在的な可能性を宿している。

エコロジカルな危機に対応するためには、資本主義を乗り越えなくてはならない。が、それは、資本主義の本質的な部分を肯定することによって実現するだろう。以下、この方針に従って、——斎藤と見田の議論からは離れて——資本主義とエコロジーとの関係について考えてみよう。

II　自然科学——味方か敵か

1　自然科学への誤った二つの批判

自然科学に対してどのような態度をとるべきか、という問題から入ろう。それが、資本主義一般への態度の範型《モデル》にもなるからだ。

エコロジストや環境問題に敏感な運動家・思想家から、科学は二つの方向から批判されてきた。どちらの批判も誤っているということをまずは指摘しておく。

まず、科学の特殊な使用（あるいは誤用）が、資本や権力の邪悪な——あるいは正義に反する——利益に貢献している、ということが批判されてきた。たとえば専門家が、ある企業の工場の排水が周辺住民の健康被害の原因であるとは必ずしも認められない、ということを「科学的」に証明することがある。このような特殊な利害に奉仕する科学の使用（誤用）は、もちろん、徹底的に批判されなくてはならない。

だが近代科学と資本主義の関係にかかわる批判としては、これだけでは不十分である。科学と資本主義の間には、本質的で内在的な関係がある。たまたま個別資本の目的や利害と個別の科学者の利害や知見との間に整合的で協調的な関係がある、ということは、資本一般と科学一般の間にある本質的・内在的な関係とは基本的には別のことである。

しかし、逆の極端に走る科学批判もまた、避けなくてはいけない。逆の極端とは、ディープなエコロジストにしばしば見られるもので、（個々の科学者ではなく）科学を全般的に敵視する批判である。近代科学は、自然を、そしてまた人間をも、ひとつの物的な対象と見なしており、その上で、自然や人間を制御したり、搾取したりしようとしている、というわけだ。この種の批判は、哲学的に洗練されたものから、素朴なものまで、非常にたくさんある。たとえばハイデッガーの技術批判もその一ヴァリエーションと見なすことができる。[*3] あるいは、アドルノとホルクハイマーの『啓蒙の弁証法』で展開される道具的理性批判もその一種である。[*4] アドルノ等によると、道具的理性は原初的な呪術においてすでに働いているのだが、その全面的な発展の産物こそが、近代的な科学技術だということになる。

このタイプの科学批判は、資本主義の全地球的な広がりとともに環境問題が深刻化してくると、ますます力を得てくる。しかし科学をこのように全面的に否定し、すべて拒否してしまえば、エコロジカルな危機の克服は絶対に不可能になる。

2 科学は資本の側にある、なればこそ…

今し方、近代科学と資本主義との間には内在的関係があると述べた。その内実を説明している余裕はここではないので、次のことだけ述べておこう。

近代科学という知の特徴は、次第に増殖し、無限に蓄積されていくところにある。どんな文明も、真理の体系をもつ。近代以前の（近代以外の）どんな文明のどの真理の体系も、無限に増殖したりはしない。しかし、近代科学は増殖する。なぜかというと、近代科学は、厳密には真理の体系ではないからだ。それは、真理の候補（仮説）の集合である。近代科学の前提は、われわれは真理を（まだ）知らない、ということにある。その自覚された無知を埋めようとして、知はどこまでも増殖する。

近代科学における知の蓄積と（総）資本の蓄積との間には類比的な関係がある。資本は剰余価値を産みながら循環する。科学的な知に対しても、常に剰余知識が発生している。科学において、知は剰余知識を常に付加し続けているのである。経済における資本の循環と、科学的な知識の蓄積とは実は、同じ大きな社会的ダイナミズムの二つの現象形態である。[*5]

資本主義の階級の区分、つまり労働者と資本の区分との関係で見れば、科学は本質的に資本の側に結びついている。総資本と近代科学との間の構造的なつながりは、現実の企業活動の中での科学の役割を考えても、すぐに納得がいくだろう。企業の中には、実際に労働し生産する部門（実行の部門）と、設計したり管理したりする部門（構想の部門）があり、科学が直接に属し

＊3　マルティン・ハイデッガー『技術への問い』関口浩訳、平凡社、二〇〇九年（原著一九五三年）。
＊4　マックス・ホルクハイマー、テオドール・アドルノ『啓蒙の弁証法』徳永恂訳、岩波文庫、二〇〇七年（原著一九四七年）。
＊5　詳しくは、以下を参照。大澤真幸『資本主義の〈その先〉へ』筑摩書房、二〇二三年、第三章。

ているのは後者である。科学がもたらす技術は、生産性を高め、剰余価値を増殖させることに貢献している。

ただ、ここでちょっとした皮肉があることに気づく。企業の中で、あるいは企業と結託して研究開発に携わっている人も、基本的には、賃金労働者である。彼らは労働者でありながら、労働者を搾取する資本の側についているようにも見える。客観的な立場としては資本家だとしても、あるいは富裕層に属していたとしても、プロレタリアートの側に加担する人もいる（たとえばエンゲルス）。企業と結びついて研究している人には、これとは逆のねじれがしばしば生じていることになる。

が、いずれにせよ、ここで強調したいことは次のことである。だからといって、科学は本質的に資本の利益に奉仕することになる、と考えてはならない。どうしてそう断言できるのか。科学の言説の根本的な特徴はどこにあるか、を思うとわかる。科学の言説には、主体的な関与《コミットメント》の痕跡がまったくない。言い換えれば、科学の言説は、誰が語っているのか、どの立場から語られているのか、ということに無関係に成り立つ。たとえば一般相対性理論は、アインシュタインという人物にも、彼がどのような社会的なポジションにいたかということにも、まったく関係なく妥当な法則である。科学の言説には、主体的な関与が、本質的な条件として含まれていない。そうである以上、科学は、いくらでも資本の利益、資本の欲望から切り離すことができる。

逆に言えば、科学を（資本ではなく）人民の利益のために活用するためには、「主体的な関与」

という条件を、科学的言説に、外から追加してやらなくてはならない。主体的な関与はあくまで、科学の外から導入される。そうすれば、科学を、資本主義そのものの乗り越えのための道具とすることもできる。科学は、資本主義と内在的に結びついているけれども——いや結びついているがゆえにかもしれない——、資本主義の超克にも貢献できるのだ。

グレタ・トゥーンベリは、「政治家は科学のゆうことを聞きなさい」と主張している。彼女は正しい戦略をとっている。自然環境の破壊の原因(のひとつ)は、人類が活用してきた科学技術にあることは間違いないが、科学を活用しなければ、環境破壊に対抗し、たとえば地球の温暖化を抑制できない。それどころか、われわれは科学のおかげで、環境が致命的に破壊されているという事実を認識できたのだ。

科学は本来、資本の側にある。しかし、資本から独立させることができる。資本や資本主義と対抗するためには、科学は不可欠の武器になる。

3　環境倫理の欺瞞と自然科学の真実

自然科学には、自然環境と人間の関係に関してどのような含意があるのか。自然科学の観点からは、人間(ホモ・サピエンス)は、他の生物種と並ぶひとつの種に過ぎない。それどころか、人間は、ひとつの物理的対象である。自然の対象として、人間に何か特別なところがあるわけではない。

さて、すると、一見逆説的なことに気づく。この自然科学の含意は、ラディカルな環境倫理学者やディープなエコロジストが主張している、ポスト人間主義的な主張と似ているからだ。逆説的だというのは、先に述べたように、ディープなエコロジストはしばしば、科学を敵視しているからだ。ともあれ、ラディカルな環境倫理学者やディープなエコロジストは、人間が自然の秩序の中心にいるわけでも、生物のハイアラーキーの頂点にいるわけでもない、と主張する。人間は他の生物、他の事物と平等に並ぶ存在者であって、生命たちの、あるいはありとあらゆる自然の事物たちの共同体の一員である、と。

ここからさらに、動物の権利、自然の権利という発想が出てくる。権利は一般に人間に帰属する。しかし人間に特権性がないとすれば、人間にのみ権利を認める正当性はどこにもない。つまり人間にだけ権利があるわけではない。他の動物にも権利がある。それどころか、山や川や風景にも権利がある。等々。

人間を他の自然物と同じ平面に置いている点で、これらの環境倫理学的な主張と自然科学の認識とは合致している。だが、どちらも人間と自然物とを対等なものとしてはいるが、そのコノテーションは正反対であることがわかる。その点がわかるように明示すれば、それぞれの主張は、次のような命題によって要約されるだろう。

自然科学　「人間もまた自然物である」
環境倫理　「自然物もまた人間である」

一般には、人間だけが、他の自然物とは異なる超越性を有していると見なされている。自然科学は、人間からその超越性を奪う。人間は自然の世界に内在する。環境倫理のねらいは逆に、人間以外の自然の諸対象に、人間と同じ超越性を認めることにある。環境倫理の主張は、前近代のアニミズムへの回帰のように見える。

さて、問題はこうである。近代の自然科学とラディカルな環境倫理、そのどちらに真実があるのか。どちらが、今日の環境危機への対応として意味がある思想なのか。当然、環境倫理の方である、と言いたくなる。実際、ポスト人間主義の環境倫理は、人間の傲慢、人間による自然環境の破壊に対抗するための哲学として提案されている。

が、私の考えは反対である。ポスト人間主義の環境倫理には欺瞞がある。本来のアニミズム、原初のアニミズムには欺瞞はない。人間たちは、動物や他の自然の事物を、人間的な他者と感じ、彼らとコミュニケーションを取り、彼らと交換・交通しあっている。しかし、近代的な啓蒙を経由したあとの「帰ってきたアニミズム」の哲学には、欺瞞がある。どのような意味で？　それほど難しいことではない。

〈言われている内容〉は、「人間は自然の中心ではない」「自然と人間は同列である」ということである。しかし、〈主張するという言語行為〉が全体としてパフォーティヴに意味していることはその逆で、「人間が特権的な中心である」「人間は自然の全体に対して超越している」になる。なぜか？　次のように考えてみるとよい。他の動物種や自然物は、自分に権利があるということを知っているのか。もちろん知らない。人間だけが、「すべての自然物に平等な権利がある」と認識できる。「人間が自然の中心ではない」というポスト人間主義的なことを言明できるのは、まさに人間だけであり、この言明がパフォーマティヴに、人間の中心性を含意している。ポスト人間中心主義的な言明を通じて、むしろ人間中心的な態度が、（人間の他の自然物に対する）おせっかいで圧倒的にパターナリスティックな態度が肯定されているのである。

＊

科学の場合はどうなのか。科学は、単純に、人間の自然への内在を言明しているだけだ。先に、科学を人民の利益のために活かすには、ここに「主体的な関与《コミットメント》」を付加しなくてはならない、と述べた。「主体的な関与の付加」とは何か。それは、自然に内在するものにとって不可能な場所を占めること、すなわちすべての自然の対象を普遍的に配慮《ケア》しうる超越的な位置に立つことを意味する。

とするならば、これは、今批判したばかりの「ポスト人間主義の隠れた人間中心主義」と同じことではないか、と思うかもしれない。が、そうではない。「似て非なるもの」とはこういうことを言う。ポスト人間主義の環境倫理は、自分の中心性・超越性を否認している。それに対して、科学を自然保護に活用する者は、不可能であることを知りつつ、あえて超越的なポジションに自らがいるかのようにふるまうのだ。不可能を可能なものにするためには、誰かが、ほんらいは不可能な超越的なポジションをあえて引き受ける必要がある。

このことは、真の政治家が、共同体に対してなすべきことが何であったかを思うと、理解できるだろう。マックス・ヴェーバーは、政治家は——「職業としての政治家」は——、心情倫理ではなく責任倫理を担わなくてはならない、と述べたのであった。他の職業であれば、仮に失敗したとしても、それが一生懸命誠実にやった結果であるならば、許してもらえる。しかし政治家だけは、それは受け入れられない「言い訳」になる。「私は誠心誠意、最大限の努力をしたのだ」といくら言ったところで、しかもそれが嘘ではなかったとしても、結果がともなわなければ、その政治家は責任をとらなくてはならない。

というのも、政治指導者は、どんなことがあっても共同体は存続するということを、つまり共同体がトータルに崩壊することは絶対にありえないということを、その共同体のメンバーに対して約束する者だからだ。だが、考えてみると、ここで約束されていることは不可能な使命である。ひとりの人間が——たとえ非常に有能であったとしても——、共同体の絶対的な存続を保証することなどできはしない。にもかかわらず、正直に「そんなことはできません」と言ってはならないのが政治家だ。政治家は不可能な使命をあえて担わなくてはならない。

そのように政治家が約束してくれるならば、共同体のメンバーたちは安心し、思い切ったことも選択できるようになる。共同体がいつ崩壊してもおかしくないという不安があれば、その中の者たちは萎縮し、大胆にふるまうことはできなくなる。政治指導者が、何があっても共同体は崩壊しないと約束してくれていれば、人は、そのような約束がなかったならばとうていできなかったことを、勇気をもって選択することできる。つまり不可能なことを可能にすることもできる。

エコロジカルな危機を克服するということは、このあるべき政治指導者のポジションと同じものを、人間が、自然との関係において担わなくてはならない、ということである。政治指導者の、他のメンバーたちとの関係は、人間の自然に対する関係と等しい——あるいは等しくなくてはならない。

III　根を下ろす大地はない

1　大地の喪失？

気候変動に代表される地球の自然環境の劇的な変化によって、人類が破壊的な被害を受けることを、あるいは人類自体が絶滅へと漸近することを防がなくてはならない。いや人類だけではない。生態系の激変によって、多くの生物種が絶滅することを防がなくてはならない。要するに、われわれは、自然を守らなくてはならない。

このような主張に先立って、われわれは自覚しておかなくてはならないことがある。自然の概念がすでに大きく転換してしまっていること——あるいは少なくとも転換しつつあること、このことを、である。「自然」から〈自然〉へと。

〈自然〉はもはや、われわれがそこに根をもつことができるような大地ではない。かつて「自然」は、循環する均衡のようなものとして思い描かれていた。その典型的なイメージは、四季の循環である。われわれは、その循環に、受動的に身を委ねるとき、最も安心することができ、そして幸福である。そのような意味での「自然」はしかし、もはや存在しない。そのように思い定めなくてはならない。

大地としての「自然」の終わりは、われわれと自然との間の二つの、一見背反する今日的な関係から読み取ることができる。ひとつずつ説明していこう。

2　カオスとしての〈自然〉

今日すでに、地球の温暖化が抜き差しならぬ段階に達しつつあるということをわれわれが実感するのは、数々の異常気象によってである。たとえば、一定以上の高緯度の地域での異様な暑さ。「観測史上最高」と言われるような豪雨や台風が、毎年、いや時に毎月のように襲ってくること。記録的な大雪。千年に一度のレベルの極端な旱魃《かんばつ》。等々。ここですでに、「自然」における均衡や循環が崩されていることがわかる。

普通、「温暖化の問題」の克服ということに関しては、次のように思い描かれている。問題が何とか克服された暁には、平均気温が現在よりもほんのわずか高いレベルで、気候の均衡が取り戻される、と。たとえば四季の定常的な循環が、還ってくるはずだ、と。夏も冬も、かつてよりもわずかに——たとえば摂氏一度程度——暖かくなってはいるが。

しかし、一部の専門家は、このイメージは誤っている、と予測している。その中で人類が生き残るにせよ何にせよ、〈自然〉は、カオスの状態へと不可逆的に変化するだろう、というのだ。ここで「カオス」は、厳密に数学的な意味で使われている。システムの状態が初期条件のささいな違いに敏感に反応するとき、それを「カオス」と呼ぶ。普通は——つまりカオスではない場合は——、初期条件の差が小さければ、結果も大同小異である。しかしカオスの場合には、初期条件のわずかな差異が、著しく大きな結果の違いをもたらす。要するに、システムの状態が不規則に変化するため、結果の予測がほとんど不可能になるのだ。〈自然〉がカオスになるということは、もはや「自然」の、循環する均衡は戻ってこない、ということになる。

この指摘をふまえた上で、地球の過去を振り返ると次のことに気づく。地球の歴史を巨視的に捉えた場合には、むしろ、自然はもともとカオス的であって、定常的な均衡からは大きく隔たっていた、と。古生物学者によれば、地球に生命が誕生してから現在までのおよそ四十億年の間に、全生物の七割以上が消え去る大絶滅が、五回あった。現在の人新世は、人間の活動によって、多くの生物種の絶滅を招きつつある。つまり人新世は、六回目の大絶滅になろうとしている。

われわれが六回目の大絶滅を招来してしまうかどうかはともかくとして、安定的な大地である「自然」ではなく、不規則なカオスである〈自然〉こそが、本来の地球システムの姿である。さらに言えば、人類が出現し、今日繁栄しているのは、過去にいくつもの大絶滅があったおかげで（も）ある。たとえば恐竜が絶滅しなければ、後のホモ・サピエンスの出現はありえなかっただろう。恐竜がいなくなったせいで、哺乳類の多様化や繁栄があったからだ。

いま、地球システムは、その本来の〈自然〉としての本性を顕しつつあるのかもしれない。それにしても、これは、人間にとっては皮肉な結果ではある。カオスであるということは、そのふるまいを正確に予見することも、また制御することもできないということだ。しかし、〈自然〉のカオス性があらためて顕在化したのは、人間の科学的な知とそこから導かれる技術があまりにも強力になり、まさに自然の基底的な条件に影響を与えることができるほどになったからである。要するに、人間が自然を操作できるくらいに強くなったことが、カオスとしての〈自然〉を――人間の知性には予測も制御もできない〈自然〉を――露呈させていることになる。

3 「人間」のヴァージョンアップと「人間」の死

自然を操作する人間の能力の極端な向上が、「自然」の喪失につながった。このようなつながりを証明するもうひとつの領域がある。今日では、生命の過程に対する人為的な介入が可能になった――なりつつある。ということは、人間の内的自然――生体内の生理的・物理的な過程――もまた操作し、変更を加えることができる、ということでもある。つまり人間の遺伝子や神経系のメカニズムもまた、われわれの意図的な操作に服しつつある。

科学哲学者のジャン＝ピエール・デュピュイは、科学の目的が変化してきた、と述べている。

二十世紀前半までは、科学は、自然のメカニズムを「理解」することを目的としていた。しかし今や、自然の――とりわけ生命の過程の――「構築」こそが、科学の究極の目的となっている。

バイオテクノロジーの発達は、「人間」そのもののヴァージョンアップを含意している。「人間」を他の自然物、他の生物から隔てているとされている性質、精神とか知性とかの能力にかかわる性質も、人間的自然へのバイオテクノロジカルな介入によって、より強化されるだろう。遺伝子への介入によって、ホモ・サピエンスを超える知能を有する「人間」が構築できるかもしれない。ユヴァル・ノア・ハラリのいう「ホモ・デウス」の誕生である。すると人間の間に、とてつもない格差が生まれうる。経済的な格差どころではない格差、生物学的な格差が、である。もともと裕福であるがゆえに、自分自身や自分の子どもをたえずヴァージョン・アップし、ホモ・デウスになった者と、従来のホモ・サピエンスにとどまる者との間の格差である。[*6]

＊

しかしここには逆説がある。この点をすでに、フランス・フクヤマが指摘している。人間的自然への介入や操作が可能になったとき、人間性そのものも終わる、と。[*7]「人間」なるものが存在するのは、われわれにとってはただ与えられているだけの（人間的）自然があるからだ。つまり、われわれは、その中にはじめから投げ込まれているとされるような、（人間的）自然があるその限りで、人間である。

このことは、「自由」ということを考えるとよくわかる。自由意志（の大きさ）は人間的な特徴だ。

バイオテクノロジーが発達すれば、人間はますます大きな自由を獲得する。それまで不可能だったことまでもが、われわれのなしうること、自由の範囲に入るだろう。とりわけ決定的なのは、もし遺伝子工学が発達すれば、われわれは、利己的遺伝子の支配からも自由になる、ということだ。生物としての人間は、究極的には利己的遺伝子の奴隷である。遺伝子とわれわれ人間とをつなぐ鎖は、ロングリーシュ（キース・スタノヴィッチ）である、とされる。つまり、人間の性質や行動は遺伝子に強くは規定されておらず、遺伝子と人間とをつなぐ紐は長い、というわけだ。しかし、ロングリーシュであるとしても、リーシュはある。人間という動物の性質や行動は、最終的には遺伝子の「テレオノミー」（非目的）に規定されている。しかし、もし人間の方が遺伝子を操作することができるとすれば、どうか。今や遺伝子の方こそ、われわれ人間の奴隷である。

しかし、このような意味での自由の拡大は、自由という概念そのものの死である。自由の拡大が自由を殺す。なぜか。

もし遺伝子への介入によって、あるいは薬物などの投与を通じた神経系への介入によって、

＊6　ユヴァル・ノア・ハラリ『ホモ・デウス――テクノロジーとサピエンスの未来（上・下）』柴田裕之訳、河出書房新社、二〇一八年（原著二〇一五年）。

＊7　フランシス・フクヤマ『人間の終わり――バイオテクノロジーはなぜ危険か』鈴木淑美訳、ダイヤモンド社、二〇〇二年（原著二〇〇二年）。

ある個人が何かをなしうるようになったとしたら、われわれは、このことを、その個人の自由の拡大と見なすことができるだろうか。見なすことはできないだろう（現在でも、われわれはドーピングによって運動能力を高めた選手を讃えない）。どうしてなのか。能力の拡大や獲得をもたらしているのは、単純な物理的な因果関係でしかないからだ。

だが、この認識は、もともとの自由の理解にフィードバックされる。考えてみれば、遺伝子への介入がなかったとしても、あるいは薬物を通じて神経系への操作がなかったとしても、われわれ人間の行動はことごとく物理的な因果関係の連鎖以外のなにものでもない、と認めざるをえなくなるからだ。遺伝子への操作によってもたらされた能力が、物理的因果関係の産物で、遺伝子への介入なしで発揮されていた能力には、物理的因果関係に還元できない何やら精神的なものが作用していた……というわけではない。前者が人間の自由の実現と見なされないのであれば、後者もまた、自由なるものの発現ではない。こうして自由という概念が蒸発し、消え去ってしまう。「遺伝子さえも制御しうる究極の自由」と「概念としての自由」の否定とが合致してしまうのだ。

こうして人間的自然が人間自身にとって透明化し、われわれ人間の操作の可能性に服するようになると、人間を人間たらしめていた条件そのものが死を迎えることになる。

今や、われわれは、「自然」を失った——いやじつはもともとなかったのかもしれない。それでも、気候変動を含むエコロジカルな危機とは対決しなくてはならない。しかし、もしその対決に成功したとしても、「自然」に回帰するわけではない。この点はしかと認識しておかなくてはならない。

Ⅳ　エコロジカルな破局への対策が満たすべき二つの形式的な条件

1　二つの規範的な条件

気候変動に対して、具体的にどのような対策がなされるべきなのか。それは、ここで検討すべき課題ではない。ただ、どのような対策がなされるにせよ、その対策自体が満たすべき規範的な条件が二つある。

第一に、徹底的な平等性・公平性。どのような対策がとられるにせよ、その対策は、人間に何らかの負担や犠牲を要求することにはなるだろう。その負担や犠牲に関して、人類的な規模で見たときの平等性が確保されていることが、絶対的な条件となる。平等・公平は多義的である。どのような意味での平等・公平をとるのが倫理的な妥当性と環境対策としての効果が高いかは、検討しなくてはならない。たとえば、個人ごとに完全に負担を均一にするのがよいのか、それとも温室効果ガスの排出量に比例して負担する方がより平等と言えるのか。どちらが適当かは議論の余地がある。

だが、絶対的に確保されていなくてはならない条件がひとつある。平等であるとされるその範囲は、人類全体でなくてはならない。周知のように、有効な気候変動対策をとることの最大の障害は、いわゆる先進国とグローバル・サウスの間の不公平感である。グローバル・サウスに属する国々の人たちは、歴史的に見てこれまでの温暖化に関しては先進国により大きな責任があることを念頭に、温暖化防止のためのさまざまな施策が、自分たちにとってより不利で、不公平であると感じてきた。このような不公平感がある限りは、その施策は実行されることはないだろう。

第二に、違反者に対しては厳しいサンクション（制裁）が科されること。たとえば国連気候変動枠組条約締約国会議（COP）では、毎回、けっこうなことが謳われる。具体的な数値をあげて目標が示されたりもする。各国は、自国の温室効果ガスの削減目標について、かなり大胆なことを提示する。しかし、その目標を達成できなかったらどうなるのか。その目標を実現することができるさまざまな制度や方法が整えられなかったらどうするのか。

結局、決められた対策や約束が実効性をもつためには、それらを遵守しなかった個人、集団、政府、国民に対して、厳しいサンクションが加えられなくてはならない。確実に実行されるサンクションがなければ、どんな立派な目標も、ただ口で唱えられるだけである。どんなサンクションなのか。それについては、ここでは問わない。いずれにせよ、「そんなサンクションが加えられるならば、苦しくても目標を達成すべく努力をしなくてはならない」と思うほどには、サンクションは十分に厳しく、威嚇的なものでなくてはなるまい。

2　内的な衝動

気候変動に対して、どのような具体的な対策がとられるのであれ、それらは、以上の二つの条件を満たす必要があるだろう。これら二条件が規範的な効力を発揮し、諸対策に実効性をもたせるためには、絶対的に満たされなくてはならない条件がもうひとつある。

それは、人民の支持である。ごく普通の人々、つまり地球の大多数の人民の支持と積極的な参加がなければ、どのような環境対策も機能することはあるまい。述べたように、違反に対して非常に厳しいサンクションが科される。核不拡散条約のケースのように、ルールを遵守できない者が、あるいは遵守する気がない者が、合意・約束の仲間から脱出してしまっては、気候変動対策は無効化してしまう。そのような脱出が不可能なほどの、圧倒的な、地球的なレベルでの支持がどうしても必要になる。人民からの信頼が、そして同時に人民への信頼が不可欠だ。

だが、ここにひとつ難しい問題がある。気候変動への対策は、具体的には何であれ、これまでのわれわれの社会の趨勢や惰性や慣習の根底的な否定を含意するものになるだろう。このままの生活様式を維持したとすれば、地球の温暖化は絶対に止まらない。それゆえ、ほとんど「法則」の域にまで達した歴史的趨勢を停止させ、意図的に方向転換させるような、圧倒的な主体性、極端に主意主義的な態度が人民には要求される、ということである。

かつてマルクス主義は、一種の歴史法則として革命が起きると考えていた。あるいは、ブルジョワ革命自体が、歴史法則の展開過程と解釈されてきた。しかし、今求められているのは、いわば客観的な法則を停止する主体性、あるいは法則を無視する主体性だ。

しかし、一般には、人民の広範な支持とその圧倒的な主体性とはトレードオフの関係があり、両立しがたい。というのも、「圧倒的な主体性」とは、人民の大多数が自明視し、受け入れてきた生活様式や伝統の拒否を含んでいるからだ。圧倒的な主体性の発動と見なされる対策は、普通は、人民の支持を最も得難いことである。

＊

だが希望はある。その希望を見田宗介が『現代社会はどこに向かうか――高原の見晴らしを切り開くこと』で紹介しているあるエピソードから得ることができる。この本の終わりの方に、野本三吉という人の話が出てくる。野本三吉は、東京の山谷、大阪の釜ヶ崎とならぶ日本三大スラムのひとつ、横浜の寿町に移り住んで、生きてゆけない人たちの相談にのったり、生活を分かちあったりしてきた。そのような仕事を二十年くらいやったあと、野本は、大学に招かれ、加藤彰彦という本名で社会福祉の授業を担当する教員となった。

この野本三吉＝加藤彰彦の横浜市立大学での最終講義に強い感銘を受けた学生たちが、講義の録音を起こして手作りの冊子にしたものを、見田のところに届けてくれたのだという。その講義の核心にあるメッセージは、〈福祉は衝動である〉というものだ。福祉の現場の現実を知り抜いているこの人物の断定に、嘘があるはずがない。

このメッセージが衝撃的なのは、一般には、福祉の仕事は苦しく辛いことなので、基本的には忌避され、嫌われていると思われているからだ。つまり、普通の人にはないような並外れた善意とか、突出した正義感が、人を福祉の仕事へと導いていると考えられている。もしそうだとすると、福祉に携わることができる人は、必然的に少数派になる。

しかし、野本＝加藤によれば、福祉の源泉はむしろ衝動である。善意や正義感以前の欲動によって、「そうしないではいられない」という駆り立てによって、人は福祉の現場に向かう。福祉へと人を導く原因が、人にとって原初的で普遍的な衝動にあるとすれば、福祉を促進するのに、ごく少数の人だけがもつような倫理的態度を必要とはしない。

同じことが、環境対策に関しても成り立つとしたらどうだろうか。それは〈衝動である〉というかたちで、環境対策の実践へと人を導くことができたとしたらどうだろうか。このとき人民の支持とその圧倒的な主体性との両方を同時に確保することができるのではないか。押し付けがましい——つまり抑圧的な——倫理的な命令としてではなく、ひとつの衝動として、エコロジカルな実践を誘発することができるだろうか。

V　資本主義の時間

1　資本主義の「終末論」

気候変動を含むエコロジカルな危機を克服し、二十一世紀を越えてもなお人類がその繁栄を維持しているとすれば、つまりロジスティック曲線の最終局面にあたる「高原の見晴らし」を得ているとすれば、そのとき、われわれの社会システムは、産業革命以降ずっと経験してきたようなタイプの、自然収奪をともなう経済成長への願望を放棄しているはずだ。そのとき、経済成長はもはや、システムの究極の目標ではない。

だが、これまで長い間、経済成長と幸福、経済成長と繁栄とは、ほとんど同じ意味であると考えられてきた。政治のほとんどは、経済成長を実現することに費やされ、十分な成長を実現できない政府は支持を失った。自然収奪的な経済成長なしでも、われわれは幸福でいられるのか。それは原理的には可能である、というのが見田宗介の回答であった。「需要の無限空間」の構築に自然収奪が必然的に随伴するわけではないからだ。もっとも、このとき、世界を経験するわれわれの感受性にある変換が生じているのだが、この点については後述する。

至上の目標としての経済成長を放棄したそのシステムは、まだ資本主義なのか。斎藤幸平は、もはやそれは資本主義ではなく、ある種のコミュニズムであるはずだ、と言う。経済成長は資本主義の本質的な特徴だからだ。それに対して、見田宗介は、資本主義の範囲内でそれは実現可能だとする。そのシステムの名前がなお「資本主義」なのかどうかは重要なことではない。だが、この表面上の対立から、その脱成長型のシステムは、資本主義の根幹的な条件の純化を通じて導かれる、資本主義そのものの内的な変容として得られるのではないか、という暗示を導くことができる。第Ⅰ章で、そのように論じておいた。

*

資本主義には、一般には、終わらない経済成長がともなっている。この事実をよく表現しているのが、マルクスが『資本論』で提示している、流通の公式である。Gが貨幣(Geld)、Wが商品(Ware)を表すとして、流通の基本形態が、

G―W―G'　………(1)

となっているのが、資本主義である。ここでG'=G+ΔGである。つまりG'は増殖した貨幣だ。自らが所有するモノを売ることで得た貨幣で、自分が必要とするモノを購入することが市場交換の基本的なあり方であるとすれば――別の言い方をすれば、斎藤幸平がコミュニズムにもとめたような「交換価値ではなく使用価値が中心の経済」であったならば――、流通の基本形態は、

W－G－W'　………（2）

であったはずだ。W'が私の必要としているモノ、私の最終的な欲望の対象であり、Wが私が最初に所有しているものだ。私はWを売って、W'を買う。

流通公式（1）と公式（2）はどう違うのか。一見、両者は同じことの表裏に過ぎないように見える。一方の当事者において（1）と展開する事態は、その売買の相手であるもう一方の当事者においては（2）として体験される。が、（1）と（2）の間には根本的な違いがある。（2）は、W'が終極となる。それに対して、（1）は終わらない。なぜなら、終わりもまた貨幣Gである以上は、それはすぐに、あらたな始まりになるからだ。

交換のすべての当事者（資本家）が基本的には、（1）に表現されるようなかたちで自らの行動を意味づけているとき、それは資本主義となる。端緒Gに対する終点G'の増殖分ΔGが、剰余価値（＝超過利潤）である。個別の資本が（1）のように行動するとき、総資本もまた（1）のように循環する。それが「経済成長」だ。

＊

資本主義を定義しているのが、（1）のような流通公式であるとすると、資本主義は二つの特徴をもった時間についての感覚によって規定されていることがわかる。

第一に、その時間は、終末論的な構成をもっている。終末論の時間は、終末へと向かう不可逆性を要件としている。（1）の場合、終末はG'である。それは、資本家が市場に投入した商品Wが売れ（誰かに買われ）、剰余価値が実現した瞬間だ。実際には、商品は売れるとは限らない。それは一種の賭けである。マルクスは、これを「命がけの飛躍」と呼んだ。キリスト教の──つまり本来の──終末論と対応させれば、この命がけの飛躍こそが、最後の審判である。買ってもらうこと──つまり諸商品の神であるところの貨幣によって承認されること──が、神の国への救済のようなものであって、資本主義においては、その救済は剰余価値というかたちで現実化する。第二に、無限性。資本主義の時間は終わりがない。それは、図示したときには、どこまでも続く直線となるだろう。

この二つの特徴、すなわち「帰無する不可逆性」と「無限性」は、真木悠介の『時間の比較社会学』によれば、近代的な時間を定義する二つの条件である。[*8] これをわれわれは今、資本主義に固有な時間としてあらためて見出している。

ところで、一般には、終末論は有限である。終末論と無限性とが、資本主義にあっては、どのように総合されているのか。このことは、しかし、すでに説明した。終末までの時間が無限に反復されることによって、である。ただし、これは、単純な繰り返しとは異なる。

---

*8　真木悠介『時間の比較社会学』岩波書店、一九八一年。

Gを投資し（G-W）、最初の終末G'に達する。すると、G'が改めて始点とされ、再び投資がなされる。このとき、第一の終末G'は「未だ十分ではない」と意味づけなおされている。つまり、G'は、真の終末ではなかったと見なされ、終末は先送りされる。先送りされた終末G''に到達したときにも、同じことが繰り返される。このように、真の終末がどこまでも先送りされるというかたちで、終末論的な時間が反復されるのである（(3)）。このことは、反復された終末論が、それ自体、全体として――いわばメタレベルで――終末論としての形態をとっていることを意味する。資本主義の時間は、それゆえ、決して終末には到達しない終末論である。

G－W－G'－W－G''－W－G'''－…　………（3）

＊

終末論的な時間においては、行為の意味は常に未来からやってくる。すなわち、現在の行為が有意味かどうかは、未来にある目的＝終末が（ポジティヴに）実現するかどうかにかかっている。終末において救済が得られなければ、つまり目的が実現されなければ――商品が売れて「命がけの飛躍」に成功しなければ――、現在の行為は無意味である。終末に到達し、目的が実現したとき、それまでの行為は遡及的に有意味だったことになるのだ。

ところで、今述べたように、資本主義においては、人は決して究極の終末＝目的には到達しない。したがって、生は決して、その意味を真に充実させることはない。生は、その都度の疑似終末を通じて、暫定的な意味を与えられるだけだ。そして、とりあえず有意味だったとされたことがらも、次の――より真正に近い――終末の結果によっては、結局、無意味だったことになる可能性がある。ほんとうの救済にはいつまでも到達しない。「神の国」に達したと自己満足した者も、すぐに地獄へと配置換えになるかもしれず、その不安と恐怖は原理的に消えないだろう。

2　コンサマトリーな意識

したがって、経済成長をともなう資本主義においては、「現在」は常に、未来に想定された目的にとっての手段として――したがって意味そのものの源泉である未来の目的との関連で常に二次的・派生的なこととして――意味づけられる。つまり、現在はインストゥルメンタルな過程である。ところで、未来の目的には永遠に到達しないとすれば、どうなるのか。時間内の生は、すべてインストゥルメンタルだということになる。

それどころか、究極的には、最後には目的のポジティヴな実現ではなく、「無」が待っているとすればどうなるのか。個人としての人間は必ず死ぬ。類としての人間にも、最後には滅亡が待っているかもしれない。そうだとすると、われわれの生のすべては結局、無意味だということになる。このニヒリズムには論理的な必然性があるように見える。これを乗り越えることは可能か？　これが、真木悠介の『時間の比較社会学』の問題意識でもある。

時間についての以上のニヒリズムは乗り越え可能である。ニヒリズムが論理の必然のように導かれるのは、近代的＝資本主義的な時間を前提にしているからである。これとは異なる時間を生きることができるならば、われわれは必ずしもニヒリズムには陥らない。インストゥルメンタルな時間とは異なる時間。〈今〉の具体性に、直接的に――未来という媒介を抜きにして――幸福を覚える感受性のもとでは、ニヒリズムは生じない。現在を、インストゥルメンタルな過程としてではなく、コンサマトリー（即自充足的）な瞬間として享受できる感受性。これが、経済成長を至上の目的としない、安定平衡の時代に対応した感受性でもある。

ただし、死活的に重要なポイントを確認しておく必要がある。真木悠介は、このような感受性が個人的な心構えや心の修練によって獲得される、と述べているのではない。時間の感覚には、社会構造に規定された必然性がある。先の二つの条件を備えた時間（不可逆性と無限性）は、近代社会が――あるいは少なくとも典型的な資本主義が――強いる「時間」である。時間についての新たな感受性の獲得は、社会構造の変革と相即している。時間についての研究が、比較社会学でなくてはならない理由もここにあった。

ともあれ、確認しておこう。見田宗介によれば、たとえば美的情報を享受＝消費することの喜びのことを思えば、〈情報化／消費化社会〉の枠内で自然収奪的ではない社会システムを実現することが可能である。このような享受＝消費の喜びは、今述べたようなコンサマトリーな感受性のひとつである。

見田宗介に、「ダニエルの問いの円環」というエッセイがある。[*9] ここで、大きく時代を隔てた二人のダニエルのことが論じられている。

＊

時代的に古い方のダニエルは、旧約聖書『ダニエル書』にその名が刻まれている預言者である。『ダニエル書』こそ、最初の黙示文学だ。つまり、これは、キリスト教へと受け継がれていく終末論的な時間の観念が明確なかたちをとって現れた最初のテクストである。「最後の審判」という結末は、預言者ダニエルの霊感において創造された。「生きることが、その意味を、未来における「結末」を媒介にして受け取る」。このような未来主義的な時間観念が、ここで最初の姿を現している。近代＝資本主義の時間の起点は、ここにある。「主よ、これらのことの結末はどんなでしょうか」というダニエルの悲しい問いが、すべての始まりだ。「最後の審判」として現れる結果への期待だけが、ダニエルの生を支えた。

もうひとりのダニエルは、現代の人、『ピダハン』を書いた言語学者ダニエル・エヴェレットである。『ピダハン』は、一九七七年から二〇〇六年までのおよそ三十年、エヴェレットが

＊9　見田宗介「ダニエルの問いの円環」『思想』一〇七〇号、二〇一三年六月。後に改稿して『現代社会はどこに向かうか——高原の見晴らしを切り開くこと』（岩波新書、二〇一八年）の第三章として収録。

言語学者として、アマゾンの小さな部族ピーダハーンの人たちと一緒に生活した記録である。[*10]エヴェレットは、チョムスキーに発する生成文法派の言語学者だったが、ピーダハーンの言語を研究しているうちに、生成文法派の中核とも呼ぶべき普遍文法についての仮説を棄却するに至る。それだけではない。三十年近いピーダハーンの人たちとの共同生活を通じて、もっと大きな変化が、このもうひとりのダニエルに生ずる。

彼は、言語学者であるだけではなく宣教師でもあった。ピーダハーンに対する長年の布教の末、宣教師であるエヴェレットの方が、キリスト教から離脱してしまったのだ。

ピーダハーンの「精神生活はとても充実していて、幸福で満ち足りた生活を送っていることを見れば、彼らの価値観が非常にすぐれていることのひとつの例証たりうるだろう。」「魚をとること。カヌーを漕ぐこと。子どもたちと笑い合うこと。兄弟を愛すること。」このような〈現在〉の一つひとつを楽しんで笑い興じているので、「天国」への期待も「神」による救済の約束も少しも必要としないのである。[*11]

要するに、ピーダハーンは、〈現在〉を、それ自体としてコンサマトリーに享受しているのである。〈現在〉を手段化するキリスト教的な終末論——資本主義へと結びつくことになる未来主義的な時間の観念——を信じていた宣教師が、ピーダハーンとともに生活する中で、コンサマトリーな〈現在〉の感覚を基軸にした時間の観念に屈したのだと言ってよい。

では、コンサマトリーな時間意識を獲得することで、われわれは現在のエコロジカルな危機に対応することができるのか。実は、そのように簡単にはいかない。そこが悩ましいところである。

＊

「経済成長への執着を脱すべきである」「資本蓄積（剰余価値の獲得）を至高の目的とすべきではない」といった当為の意識がどこから出てくるのかを考えてみるとよい。それは、類としての人間の歴史と将来、地球の歴史と将来を全体として見通すような、極端な未来指向の時間の観念を前提にしなくては決して出てこない発想であろう。人類のはるかな未来にまで及ぶ持続可能性、地球生態系の持続可能性への配慮からこそ、気候変動を大きな危機として認識することができるからだ。現在に充足していれば、気候変動を危機と見ることもない。

だが、危機の認識の基底にある未来主義的な時間の観念は、資本主義とともにわれわれが獲得してきたものでもある。われわれは二律背反《アンチノミー》の中に置かれている。

＊11　見田宗介『現代社会はどこに向かうか』九四‐九五ページ。

＊10　Daniel Everett, *Don't Sleep, There are Snakes* (Pantheon Books, 2008)〔邦訳：ダニエル・エヴェレット『ピダハン――「言語本能」を超える文化と世界観』屋代通子訳、みすず書房、二〇一二年〕

（P）脱成長のためには、未来の結末を媒介にして現在に意味をあたえる未来主義を克服し、現在に対するコンサマトリーな感受性を獲得しなくてはならない。

（F）持続可能性への当為の意識は、現在へのコンサマトリーな充足を克服し、はるかな未来を望見する未来主義的な時間の観念を必要とする。

両者は矛盾しているように見える。（P）は「インストゥルメンタルな時間→コンサマトリーな時間」というベクトルを形成し、逆に（F）は「コンサマトリーな時間→インストゥルメンタルな時間」というベクトルとして記述することができる。両者は互いに正反対を向いている。いかにしてこの二つを同時に充足させることができるのか。

3 加速化する社会

現在へと充足しようとする現在主義への回帰（(P)）と未来の結果を媒介にして現在の意味を受け取ろうとする未来主義（(F)）。この二つが、同時に確保されなくてはならないわけだが、現代社会において、実際、この二つの傾向が、一見、ひとつに統合されているかのように見える現象が出現している。それは、ほんとうに、両者の「弁証法的」な統合と見なしうるのか。それは、われわれが求めているものなのか。その点を確認しておこう。

その「統合」のように見える現象とは、フランクフルト学派の社会学者ハルトムート・ローザが、「加速」と呼んでいる時間の行為・体験構造のことである。[*12] 後期近代の社会は、さまざまな領域で、「加速」が進捗している。これが、ローザによる時代診断である。ここで言う「加速」は、先に言及した「加速主義」とは無縁で、加速主義の登場・普及の前に提起されていた現代社会論である。

ローザの「加速」は、三つの概念より成っている。第一に、技術的加速。それは、最も単純に理解できる加速、つまり明確な目標をもって遂行される速度の上昇である。具体的には、輸送、コミュニケーション、生産の領域において、新しいテクノロジーの発明・導入によってもたらされる加速である。古くは蒸気機関による輸送革命に始まり、二十世紀末期以降の――インターネットの普及をともなう――通信革命に至る。技術的加速によって、関係性が流動化・液状化する。また、時間と空間の関連性が弱まり、とりわけ空間的な隔たりの意義が消滅する。さらに本来は非同時的だったものの間の同時性なども観察されるようになる。

第二に、社会変動の加速。これは、社会的諸現象の変化率が――特に意図されてはいないが結果として――増大することである。それは、「現在の収縮」として現れる。ここで「現在」とは、人々の実践や行為の方向付けが安定性と確実性をもって維持される期間のことであり、その有効期間が加速によって短縮化する傾向があるのだ。

＊12　ハルトムート・ローザ『加速する社会――近代における時間構造の変容』出口剛司監訳、福村出版、二〇二二年（原著二〇〇五年）。

もし社会変動がなければ、「経験の空間」（過去）と「期待の地平」（現在と未来）とが合致する。つまり、それまで経験してきたことが、そのまま今後も持続し、成り立つと期待することができる。両者の間の分離がどのくらいのテンポで生ずるかを見ると、加速のさまを確認することができる。前近代から近代初期にかけての時期でも、すでに、経験の空間と期待の地平の分離が見られる。しかしその分離が明確になるのには、間世代的な時間がかかった。つまり三世代から四世代は、同じ経験の空間が、期待の地平として活用できた。しかし、古典的近代の段階になると、速度の変化は一世代の交代とほぼ等しくなる。いわばひとりの人物が若き日に獲得してきた経験は、ほぼ一生通用するが、自分の子供の世代には役立たない。そして後期近代においては、ひとつの世代の中で、経験の空間と期待の地平がはっきりと分離してしまう。たとえば、古典近代においては、家族や職業は、おおむね個人のライフサイクルと一致するが、後期近代においては、個人は転職を繰り返し、家族やパートナーも生涯を通じてのパートナーではなくなる。

第三に、生活テンポの加速。これは、客観的には、単位時間あたりの行為エピソードと体験エピソードの増大を、主観的には、時間資源の欠乏や時間逼迫（つまり「時間が足りない」「時間に追われている」）としての体験を意味している。社会変動の加速は、集合的水準のことだったが、この生活テンポの加速は、個人的水準のことである。どうして、人は生活テンポを速めたいのか。ローザはその原因のひとつを次のように説明する。生活テンポを速めると、より多くの体験が可能になり、生活をより豊かなものにできるという信念があるからだ、と。より速く生きた方が、「よき生」を享受できる、というわけだ。ローザの考えでは、死後の救済を約束する聖なる時間を失った近代の、死に対する応答がここにある。

＊

以上が、三つの領域で加速する後期近代社会の状態だ。全体を特徴づけるならば、次のようになるだろう。すなわち――ローザによれば――加速の力学によって、時空間秩序に一種の「歪み」が生じ、社会全体で共有された統一的な時間、抽象的・直接的な時間が解体する。社会の各部分がそれぞれ固有時間に従って作動するようになる。「現在」が――未来の「結末」にまだ到達していない時間として意味づけられる期間が――収縮し、断片化し、互いに同期しなくなるのだ。

『時間の比較社会学』において記述されていた近代的な時間、統一的で抽象的な直線によって表象される時間が解体されているように見える。この時間の中を人々は駆り立てられるように、常に急いでいる。人は、断片化された「現在」に圧倒的な力を投入し、活動する。どの「現在」に対しても、である。これは、コンサマトリーな時間の体験だろうか。

違う！　そのまったき反対物である。どうして加速するのか、その原因を考えてみれば、この点はすぐにわかる。ローザは、原因をいくつも挙げているが、究極の原因はひとつである。ローザの著書から離れて説明しよう。あまりの加速によって近代的な時間が崩壊しているように見える、と述べたが、その崩壊、その加速を導いているのは、結局、近代的な時間、いや資本主義的な時間をもたらしていたのと同じ機制である。行為・体験の意味は、それらがもたらすはずの未来の結末が実現するかどうかにかかっているのだとすれば、どうなるだろうか。できるだけ早くその結末に到達すればするほどよい、ということになるだろう。しかし、どの結末も、真の終末ではない。終末は常に先送りされるので、どの結末も常に、そこへと到達するそのたびに道具的な過程へと転化することになる。このことが、さらに、次の結末により早く到達したいという欲望を生むに違いない。その結果こそが加速であろう。

それゆえ、「現在」が断片化し、短くなっていたとしても、その現在の活動の意味は、それがもたらす直近の未来を通じて遡及的に与えられるという基底的な構造は変わらない。「現在」は、それ自体としての充実した意味をもってはいない。現在の意味は常に未来へと疎外されている。これは、時間についてのコンサマトリーな感受性の完全な反対物である。ゆえに、後期近代の加速がもたらした時間構造は、（P）と（F）の総合どころではない。これは、インストゥルメンタルな時間の純化である。

その上、「エコロジー」との関係で言えば、加速がもたらした時間は、その「強み」、その「長所」すらも失っている。エコロジカルな危機に対処するためには、はるかな未来を展望し、配慮する時間意識を必要とする。そのような長期を視野におさめる時間意識は、資本主義的な時間意識、「終末」を先送りし続ける独特の終末論の中から生まれたものだ、と先に述べた。しかし、過度な「加速」を通じて得られる時間意識は、長期的視野どころではない。そのたびに設定される「終末」が現在から時間的にそう隔たっていないために、人は常に、ごく短期の利益だけを追い求めることになる。このような態度は、エコロジカルな危機への対処という観点からは、最悪だと言わざるをえない。

極度に加速した社会においては、「超高速静止」と呼ぶほかないような体験がしばしば生ずる、とローザは書いている。超高速静止とは、皆が時間に追われ、常に急ぎ、毎日多忙に過ごしているのに、振り返ってみると、まったく変化も進歩もしていない（ように感じられる）という現象だ。活動へと常に駆り立てられているのに、何も動かず硬直しているように感じられる。なぜか。技術的・社会的・生活的なレベルのあらゆる次元の加速が、根本的な枠組みを変化させずに、いや変化させないためにこそ、強化されているからだ。根本的な枠組みとは何か。それは、資本主義的な時間構造である。

見てきたような「加速」が、（P）と（F）の二つの時間の観念の総合ではないとすると、総合はいかにして可能なのか。いや、そもそも、二律背反の関係にある二つを総合することなど可能なのか。[*13]

---

*13 見田宗介先生の常習的な「遅刻」について。見田先生はしばしば、非常に大きく遅刻された。思うに、あれは、脱加速、反加速だったのではないか。加速が「早く目的地に着くこと」だとしたら、目的地に着いてしまうことへの、無意識の抵抗があったのではないか。いつまでも、目的地に到着せず、「心のある道」を歩むこと。これが、結果的に遅刻になる。「心のある道」は、真木悠介の『気流の鳴る音』（筑摩書房、一九七七年）の中核概念である。

VI 〈今の時〉

1 「移行点ではない現在」のコンサマトリーな充足

ここで、ヴァルター・ベンヤミンが、絶筆となった草稿「歴史の概念について」の中で述べていることがヒントになる。彼は、自らが理解する独特の意味での「史的唯物論」を擁護している。われわれの考察にとって示唆的なのは、ベンヤミンが、過去から現在への中継過程としては意味づけられない現在、それ自体で充足している現在という概念を提起しようとしているからだ。たとえば、次のように言われる。

> 〔過去から未来への〕移行点ではない現在、時間が充足して静止状態にいたっている現在という概念を、史的唯物論者は放棄するわけにはいかない。ほかのだれでもない、かれみずからが歴史を叙述するまさにその現在を、この概念は定義しているからだ。（テーゼXVI[*14]）

ここで「時間が充足して静止状態にいたっている現在」というのは、コンサマトリーに享受されている現在のひとつの表現と見ることができるのではないか。この現在は、過去から未来への移行点ではない。ということは、道具主義的《インストゥルメンタル》に意味づけることはできない、ということだ。

それは、過去から現在という連続性から切り離された純粋な現在、「モナド〔粒子〕」のような現在である。次のテーゼでは、この「現在」が、〈今の時 Jetztzeit〉という含蓄深い語で指し示されている。

歴史とは構成〔構造体形成〕の対象である。その構成がなされる場は、均質で空虚な時間ではなく、今の時に充ちている時間である。（テーゼⅩⅣ）

〈今の時〉は、均質で空虚な時間の中に埋め込まれていない。ということはどういうことなのか。ベンヤミンは、「歴史の概念について」の中で、二つの歴史観を批判の対象としている。ひとつは、進歩史観、すなわち歴史は理想の状態へと進んでいくというアイデア。ベンヤミンの主要なターゲットはこの進歩史観だ。だが、批判の対象はもう少し広い。彼は、進歩史観だけではなく「歴史主義」の全体を批判の対象としている。歴史主義とは、歴史のさまざまな契機の間に因果関係を確定する歴史研究のスタイルである。因果関係は、必然的に物語的に叙述される。進歩史観も、歴史主義も、ひとつのことを前提にしている。均質で空虚な時間である。

＊14　以下、ベンヤミンの「歴史の概念について」からの引用は、すべて以下の邦訳に基づいている。ヴァルター・ベンヤミン『［新訳・評注］歴史の概念について』鹿島徹訳・評注、未来社、二〇一五年。

この空っぽの容器のような時間を、大量の事実で埋めていくこと、これが歴史である、とされる。容器の中の大量の事実は、緊密な因果関係によって結びついているので、それらは常になめらかに連続している。

〈今の時〉は、そのようななめらかな連続性の中に嵌っていない。つまり、それは進歩史観によっても、歴史主義的な叙述の中にも登場しない瞬間、記録されない現在である。なぜ、進歩史観にも歴史主義にも登録されないのか。〈今の時〉は、進歩史観や歴史主義によって、有意味なこととして認められなかったこと、つまり失敗したこと、敗れ去ったことだからだ。取るにたらないと見なされたこと、果たされなかった願望。もしかすると、それは希望されたり、欲望されたりしながら、結局は、まったくなされなかったことであるかもしれない。それゆえ、「〔〈今の時〉としての〕過ぎ去ったものを史的探究によってこれとはっきり捉えるとは、〈それがじっさいにあったとおりに〉認識することではない」（テーゼⅥ）ということになる。一般には「〈それがじっさいにあったとおりに〉認識すること」こそが歴史学なのだから、ベンヤミンの唱える史的探究（史的唯物論）は、通常の歴史学を全否定するものだ（実際、歴史主義を拒否してしまったとしたら、どのような歴史学がありうるというのか）。

が、いずれにせよ、まずは確認しておこう。ベンヤミンとしては、〈今の時〉は、失敗したこと、敗れたこと、十分に実現しなかったことであるとはいえ、なおそれは、敗者や失敗者たちの真正でコンサマトリーな〈衝動〉に根差すものと見なされている、ということを。

2　過去のうちへの虎の跳躍

〈今の時〉は、歴史主義的に記述されることがない。つまり、それは、過去から未来への進歩の過程の、もしくは因果的な過程の中継点としては、見出されない。ならば、〈今の時〉はどのように見出されるのか。この点にこそ、ベンヤミンの歴史の捉え方の最も大きな独創性がある。〈今の時〉という言葉を導入したテーゼXⅣの引用部分は、次のように続く。

かくしてロベスピエールにとっては、古代ローマが今の時をはらんだ過去だったのであり、かれは歴史の連続体を爆砕してこの過去を取りだしたのだった。フランス革命はみずからを、回帰したローマと了解したのである。

ロベスピエールにとってのフランス革命が――〈今の時〉の現在、その原点となる〈今〉であるその〈今の時〉が――、過去の時間の中に充ちているとはどういうことなのか。ローマの共和政は、フランス革命（ロベスピエール）にとっては、過去のうちに孕まれた〈今の時〉だった、というわけだが、それはどのような趣旨なのか。ベンヤミンの論の全体の中に置けば、〈今の時〉が、モナドとして結晶している不連続の粒子であることは明らかだが、両者の間にどのような概念的なつながりを見出せばよいのか。

それは次のようなことではないか。今まさに真に新しいことが出現したとき、その現在は〈今の時〉となる。「真に新しいこと」とは、これまでの因果関係の延長線上には出現しそうもないこと、これまでの因果関係の帰結としてはとうてい予想できないことを指している。フランス革命が、そのような出来事のひとつであることは明らかだろう。フランス革命は、財政難に苦しむブルボン王朝が課税のために、一七八九年五月に身分制議会（三部会）を招集したことがきっかけになって起きている。このとき招集した側も、また招集された者たちも——のちに革命の主役となる第三身分の者たちでさえも——、まさか三年余りあとに、王政そのものが打倒され、共和政が始められることになるとは微塵も思ってはいなかったはずだ。フランス第一共和政は、真に新しいこととして到来した。「真に新しいこと」が出現するということは、別の角度から見れば、「破局」があったということでもある。この場合は、王政の終焉が宣言され、王が処刑されたということ、それが破局だ。

真に新しいことの到来であると同時に破局でもあるような〈今の時〉から過去を振り返ると、時間の至るところに、因果関係の流れを食い破るような〈今の時〉が充ちているのが見えてくる。たとえば、古代ローマにも、〈今の時〉がある、と。どういうことなのか。

＊

フランス革命よりもずっと近い実例で、ベンヤミンのテーゼを解説しよう。たとえば、一九八九年の秋から始まった東ヨーロッパの社会主義諸国で起きた民主化の革命。ここで、まず留意すべき重要なことは、東ヨーロッパ諸国で連鎖反応的に民主化の革命が起きる直前まで、世界中のほとんどの人が——東西のどちらの陣営に属する人も——、冷戦はまだ何十年も続くと思っていた、ということだ。社会主義国には反体制運動にコミットする者もいたし、亡命する者もあとをたたなかったが、しかし、体制そのものを廃棄するには、社会主義政権と警察の力はあまりにも堅固なものに見えていたのだ。[*15]

だが、一九八九年秋から一年も経たないうちに、東ヨーロッパから社会主義体制が消滅し、二年後には、世界で二番目の強国だったソヴィエト連邦も解体してしまった。この破局＝革命のあとから振り返れば、社会主義体制が持続していたその時間の至るところに、〈今の時〉が孕まれていることに気づく。つまり、体制はそれよりずっと前から常に、崩壊の危機と隣接していたことがわかる。むしろ、何十年も社会主義体制が持続しえたことの方がふしぎでさえある、と見えてくる。人々は、ほんとうは、社会主義体制に対して十分な不信をもっており、民

＊15　一九八九年八月の段階でも、東ヨーロッパの社会主義体制の崩壊は、ほとんど誰も——反体制運動に参加していた人々やそれを支援していた西側諸国の左翼も——予想していなかったことを示す出来事のひとつは、ハンガリーのショプロンでなされた「汎ヨーロッパ・ピクニック」である。西側の支援者たちは、同年八月十九日に、千人規模の東ドイツの（西ドイツへの）亡命希望者を、ショプロンからオーストリアへと一挙に越境させるのに成功した。今振り返ってみれば、これは、三ヶ月後の「ベルリンの壁の崩壊」への序章のひとつになった出来事だが、しかし、このときには、東西ドイツの分断は半永久的に続くと思っていたがゆえに、こんな危険なことがあえて断行されたのである。

主化を強く求めていたのだ。客観的には常に、反体制運動の方にも成算があったのである。

ロベスピエールにとって、古代ローマを〈今の時〉を孕んだ過去だった、というのも以上と同じように解釈できる。古代ローマの共和政は、帝政の中で消えてしまった。共和政への意志は、挫折した希望である。歴史主義的には、共和政から帝政への移行は、必然的な因果の系列のように叙述されるだろう。しかし、十八世紀末に何百年も続いていた王政を廃棄し、共和政を実現した者には、自分たちが経験しているのと同じ〈今の時〉が、古代ローマにも活きていたのがわかる。つまり、古代ローマで、共和政が十分に持続しえたはずだ、ということがわかるのだ。だからこそ、ロベスピエールは、自らのもとで実現したフランスの共和政を、ローマの共和政の回帰として了解できるのである。ここでロベスピエールは、フランス革命を成し遂げつつある渦中から、古代ローマを見返している。すると、古代ローマの、十分には果たされなかった願望や実験的試みの中に、今のフランス革命が継承し、引き受け、最後まで実現しようとしていることがらがあったことに気づくのだ。それが、歴史の中に、〈今の時〉が充たされている、という趣旨である。

重要なことは、フランス革命がなければ、古代ローマが孕んでいた〈今の時〉は見出されない、ということである。あるいは、一九八九年の民主化を経なければ、社会主義体制が戦後ずっと、〈今の時〉を——つまり民主化の切迫した可能性を——孕んでいたことに気づくことはない。ここで絶対に避けなくてはならないことは、過去に見出されるこれらの〈今の時〉は、事後から見たときの一種の遠近法的な錯覚に過ぎない、というシニカルな見方である。過去に内在する〈今の時〉は、客観的に存在している。しかし、事後からの視線を媒介にしなければ、そこに宿る共和政への意志や民主化への衝動は、自覚されることはない――つまり対自化されない。

それゆえ、歴史的な構成の中に充満しているモナドのような〈今の時〉は、完了形（存在していた）というかたちでしか見出されない。その（過去の）〈今の時〉を基準にして言えば、それは、現在形"is"で存在していたのではなく、前未来形＝未来完了形"will have been"で存在していたのだ。それを見出すためには、「過去のうちへの虎の跳躍」（テーゼXⅣ）を必要とした。たとえばフランス革命のときから古代ローマへの、一九八九年末の民主化の時点から過去の社会主義体制への、主体的ポジションそのものを投入するような跳躍が、である。

3　最後の審判の脱構築的活用

このように、ベンヤミンの「歴史の概念について」は、現在の〈今の時〉（フランス革命）による過去（古代ローマ）の救済という構成をとっている。するとすぐに気づくだろう。これは、キリスト教の「最後の審判」の論理である。ベンヤミンの史的唯物論は、最後の審判に似た構造をひそかな前提にしている。実際、「歴史の概念について」でも、最後の審判が言及される。

みずからの過去を十全なすがたで手中におさめるのは、解き放たれた人類にしてはじめて可能なことだ。つまり、解き放たれた人類にとってはじめて、みずからの過去がそのどの瞬間においても呼び戻されるようになっている。人類の生きたどの瞬間も、呼び戻され顕彰されるようになるのだ。終末の日とは、まさにそのような日のことである。（テーゼIII[16]）

最後の審判への暗示は、実は、最初のテーゼの中にすでに含まれている。ここでベンヤミンは、奇妙な寓話を記している。チェスを指す人形の話である。この人形は、どんな指手にも巧妙な手で応じ、誰と対戦しても必ず勝ったという。もちろんＡＩなどというものがない時代のことなのだから、これは驚きだ。どうして、この人形は必勝なのか。実は、チェスの名手である小人が、鏡の工夫で外から見えないところに隠れていて、人形を操っていたのだ。[17] そして――ベンヤミンは書く――、人形は「史的唯物論」で、小人は「神学」である、と。

ここで「神学」とは、「最後の審判」の教えを含んだ教義のことである。どうして、神学という小人に操られた人形（史的唯物論）は必ず勝つのか。それは、史的唯物論には、最後の審判の日に救済される人が記されているからであろう。

＊

だが、このように解釈できるとすると、われわれは大きく躓かざるをえない。ベンヤミンが「歴史の概念について」において、全力を注いで否定しようとした歴史観、スターリン主義（の史的唯物論）に代表される進歩史観もまた、最後の審判と同じ形式をもっているのではあるまいか。

進歩史観こそ、最後の審判の世俗版ではないか。この場合、神の国にあたるのが、言うまでもなく、歴史がそこへと向かっている理想の社会状態——たとえば共産主義——である。スターリン主義においては、大量の粛清が、進歩の名のもとに正当化された。彼らの犠牲は、「最後の審判」において報われるだろう、と。

これだけではない。ベンヤミンのもうひとつの敵、歴史主義もまた、一種の最後の審判になっているのだ。進歩史観とちがって直接に政治的なものではないが、すくなくとも、それは知的な最後の審判である。歴史主義においては、最後の審判の視点を占めているのは、現在の歴史家である。歴史家は、現在のこの状態がどうして生まれたのかを、過去に遡り、そこから因果的かつ物語的に説明する。ということは、歴史の中に記録されるのは、「現在」の構築に対して価値ある貢献があったと評価された人物であり、その仕事であり、また出来事である。その意味で、彼らは、(広義の)勝者たちである。歴史家が現在として認める状態に対して、何らの貢献をなさなかったものは、敗者として捨てられ、忘却されるしかない。歴史主義は、その本来の仕組みから、必然的に、勝者の歴史を語ることになる。歴史主義もまた、最後の審判に

＊16　鹿島徹は、「歴史の概念について」関連断章——ベンヤミンが「歴史の概念について」の準備や執筆の過程で残した覚書的な草稿群——の中にも、「最後の審判」への多くの言及があることに注意を促している(ベンヤミン、前掲書、九九ページ)。

＊17　実際、十八世紀の後半に、このような人形が造られた。ベンヤミンは、彼の時代からさらに一世紀以上前にあったこの装置に託して、寓話を作っている。

操られて、必ず勝つように——勝者だけを評価するように——できているのだ。*18

進歩史観と歴史主義の違いは、最後の審判で救済された者を迎える「神の国」をどこに設定しているかにある。歴史主義においては、現在が、すでに神の国である。進歩史観にとっては、神の国は未来の定められた理想の社会である。

問題はこうである。ベンヤミンは、結局、必死に戦ってきた敵たちと最終的には合流してしまうのか。ベンヤミンの歴史の概念もまた、進歩史観や歴史主義の中に組み込まれてしまうのか。違う。ベンヤミンの史的唯物論と進歩史観・歴史主義との間には、微妙だが、決定的な差異がある。この差異を正確に見定めることこそ、最も肝心なことだ。

進歩史観や歴史主義においては、最後の審判の視点を有するのは、定義上、(最終的な) 勝者であり、それは既定されている。それゆえ、彼らが叙述する歴史的な発展は、どんなに起伏に富んでいるように見えても、結局、緊密な因果関係によって結ばれた連続的な過程となる。その既定された最後の勝者への位置へと向かっていく連続的な過程である。

それに対して、ベンヤミンの史的唯物論では、最後の審判の視点をもつのは、敗者である……と言ってしまうと、十分な繊細さを欠いた断定になるだろう。ベンヤミンにとっては、最後の審判の視点が帰属しているのは、「未だ勝者ではない者」である。言い換えれば、「最後の審判の視点」自体が、まだ闘争の過程にあるのだ。最後の審判の視点——来るべき未来の〈今の時〉——は、大文字の勝者としてあらかじめ固定されているわけではなく、不断に「敗者→勝者」という運動のうちにある。それは、キェルケゴールふうに表現すれば「生成状態における勝者」であり、最終的な勝者にはなりきれない反復である。

だからこそ、〈今の時〉からの遡及的な「過去への眼差し」は必然的に、「歴史」に、連続的な発展ではなく、不連続なモナドの集積を――因果関係を破る破局の蓄積を――見ることになる。「最後の審判の視点」そのものが、不断に「敗者→勝者」を反復しているからだ。このような反復の過程のうちにあるとき、敗者として、歴史の物語の叙述の外に放置されていたものが、突如として、勝者として顕揚され、叙述の中で重要な位置を占めることもある。[*19] 歴史を不連続な瓦礫の集まりと見ることと、過去を救済することとの間に、緊密な一体性がある理由は、ここにある。過去へと目を向けて、未来の方へと遠ざかっていく歴史の天使の視覚について、次のように言われる。「わたしたちの眼には出来事の連鎖と見えるところに、かれ〔天使〕はただひとつの破局を見ている」[*20]。

もう一度強調しておきたい。ベンヤミンの史的唯物論は、最後の審判の原理を、つまりキリスト教的な終末論を、今説明してきたような意味において――言ってみれば脱構築的に――活用している。ここで資本主義との関係を留意しておきたい。資本主義もまた、終末論的な時

＊18 進歩史観だけではなく、歴史主義も時に政治的な効果をもつイデオロギーになりうる。歴史主義はしばしば政治的には保守主義と親和性をもつ。

＊19 逆に勝者として記憶されていたものが、敗者の方へと転ずる。「敵が勝利を収めるときには死者もまた無事ではいられない」（テーゼⅥ）。

＊20 テーゼⅨ。

間に基づいていた。終末論を過去の方に差し向ければ、歴史主義のような歴史理論を得る。それに対して、終末論を未来の方に差し向け、しかもその終末を反復的に置き換えていけば資本主義的な時間を得る。そして、ベンヤミンの史的唯物論は、最後の審判の視点を独特の仕方で応用している。とするならば、こう言ってもよいのではないか。この史的唯物論は、資本主義をも規定している時間の原理を、その否定に至るまでに徹底して応用したときに導かれるものである、と。

Ⅶ　裏返しの終末論

1　3・11のあと

以上のこととエコロジーとは、どう関係するのか。気候変動の危機と対決するためには、圧倒的な主体性 voluntarism が必要だ、と述べた。「それは衝動だ」と見なしうるかたちで発揮される主体性が、である。

　現在のわれわれは「とうてい無理である」「不可能なことだ」と思うような大きな転換、生活様式や社会経済システムの大規模な変革を実行しなくてはならない。どうしたら、われわれは「不可能なこと」（と思っていること）を為しうるのか。ここで、もう一度、かつての東欧の社会主義体制のことを思い起こしてみよう。一九八九年以前は、人々は――社会主義政権のもとにいた者も西側の人々も――、政権を倒して民主化することなどとうていかなわぬことだと思っていた。が、一九八九年を経た事後の視点から振り返ると、民主化へのポテンシャルは十分に大きく、政権の打倒は以前から十分に可能なことだったのだ。その可能性のことを〈今の時〉とベンヤミンは呼んだ。

ここで、考えてみるのだ。われわれのこの現在についても同じことが言えるとしたらどうだろうか。つまり、この現在にも、〈今の時〉が孕まれているのだとしたらどうだろうか。現在のわれわれは、そのことを目下のところ自覚していない――つまりそれは「不可能なこと」だと思っている。しかし、あとから――未来のある時点から――振り返ったとき、われわれのこの現在に、〈今の時〉がすでに存在しているのだとしたらどうだろうか。われわれのこの現在において、〈今の時〉が「すでに存在していたことになる will have been」という形式で存在しているかもしれない。そして、繰り返し強調しておけば、〈今の時〉は――同時代的には不可能なことに見えていようとも――、客観的には可能なことなのである。

＊

ことがらの本質を明確にするために、もうひとつ事例を加えておこう。二〇一一年の3・11の大津波によって引き起こされた、福島第一原子力発電所の事故のあとにわれわれが感じたことを、思い起こしてみよう。この事故は、まさに破局と呼ぶに値するものだった。その意味でわれわれは、まったく新しい事態の中に投げ込まれた。このとき、われわれが心底から知った最初のことは、「(日本列島で)ほんとうに炉心溶融《メルトダウン》に至るような大規模な原発事故が起きるのだ」ということであろう。それ以前にも、原発事故がありうることは皆、知ってはいたし、実際、それを警告する者もたくさんいた。しかし、ほとんどの人にとって、それは論理的には可能かもしれないが、実際には(ほとんど)起きそうもないことだった。つまり、それは、空虚な可能性に過ぎなかった。

しかし、現に事故が起きてしまえば、それは空虚な可能性どころではない。端的な現実性である(あたりまえだ)。それだけではない。その立場から過去を振り返ってみると、大規模な原発事故はずっと前から——原発が建設された最初から——、ずっと、いつ起きてもふしぎはない切迫した可能性だったことがわかってくる。この地球上で最も地震の頻度が高い列島の海沿いに、何十基もの原発を建設したのだ。そのうちの何基かが、爆発したり、炉心溶融を引き起こしたりすることに何のふしぎもない。破局までの出来事の連鎖が、必然のプロセスとして現れる。かつては空虚な可能性でしかなかったものが、今や必然のプロセスとなる。過去(の様相)が変わる。

このような様相の転換は、結果が破局でなくても、つまりポジティヴな結果であったときにも生ずるのだが、破局であったときには、これとは矛盾する別の感覚も生ずる。つまり、原発事故のあとにこうも思っただろう。原発など造らなければよかった。なぜ、あの古い原子炉を早く廃炉にしなかったのだろう。実際、福島第一原発の廃炉は、何度か、経産省で議題にのぼっていたのだ。そもそも、われわれは、どうして、地震列島の海岸にたくさんの原発を造ってしまったのだろう。実際、原発に反対していた人たちもいたのだ。

だがあのとき——たとえば（事故の）十年前——、廃炉にしたらどうだろうかという提案を受けたとき、ほとんどの関係者は、廃炉は非現実的な選択肢だと思ったのだ。原発はしっかり動いていたし、廃炉のコストはあまりにも高い。もうすこしこの原発を使い続けるべきだ、と。半世紀近く前、原発の導入そのものに強く反対し、運動にコミットした者たちもいたわけだが、それは、不可能な空想に耽る人のように見えていた。原発の導入は、さまざまな理由、多くの原因から不可避の選択肢だと見えていた。高度成長期の日本は電力を必要としていたし、貧困地域を豊かにするために誘致できる産業は、これしかなかったのだから。

しかし、破局（原発事故）を経験した〈今の時〉から振り返ったらどうだろうか。あのとき、廃炉にすることだってできたはずだ、と生々しく思えてくる。そもそも、〈今の時〉から見ると、つまり原発を建設したことを深く後悔し、原発を核兵器の被爆国に導入すべきではなかったと深く思う現在の立場から見ると、はじめから原発なるものをすべて拒否することも十分に可能だった、ということに気づく。これこそ、過去に〈今の時〉が孕まれているのを見る、ということである。半世紀の過去に——中間の過程をスキップして——、現在のわれわれがやろうとしていることと呼応する、（充たされなかった）願望があるのを見出しているのだ。

これは、歴史の連続体を爆砕して、（連続体には嵌ってはいない粒子である）モナドとしての過去を取り出すことでもある。どうしてか。たとえば、原発の導入を拒否するという選択肢は、もともとは不可能な――ユートピア的な――選択肢に見えていたのだった。ということは、この出来事は、起き得ることとの因果関係の系列の中からは排除されていたということになる。それが、突如として、アクチュアルな可能性として現れるということは、この出来事、この選択肢は、なめらかな因果関係から逸脱する不連続なモナドとして、あるいはそうした因果関係をかき乱し、ついには破壊してしまうような出来事として見出されている、ということを意味する。

大事なことなので、もう一度警告しておきたい。「原子炉をもっと早く廃炉にできたかもしれない」とか「原発を導入しないこともできたかもしれない」という可能性は、〈破局〉の事後から見たときの、一種の遠近法的な錯覚ではない。確かに、繰り返し述べてきたように、当時の大半の人々の主観的な意識には、そうした可能性は、空疎な想定、ありえないことの要求にしか見えていなかった。しかし、客観的には、それらはほんとうにアクチュアリティがあり、十分にできたことだったのだ。ただし、そのような客観的な事態そのものは、〈今の時〉を経由した遡及的な視線を通してしか見出されない。つまり、当時、とうてい実現できないと思われていた選択肢は実際に可能だったことであり、反原発に執着していた少数者は決して愚かで非現実的なことを願っていたわけではない、ということは〈今の時〉の事後からの眼差しだけの中でのみ知ることができる[*21]。

ここで重要なことは、破局（原発事故）までの過程が、一方では必然であったにもかかわらず、同時に、当時としてはとうてい不可能だと思われていたことが、〈今の時〉として現れることによって、その必然性そのものを回避する道が見出されるということ。必然性が偶有化しているのである。

2　裏返しの終末論

さて、再び問おう。どうしたら、この現在に、〈今の時〉にふさわしい断固たる行動を引き起こすことができるのか。

答えの概要は次のようになる。〈今の時〉が対自化されるためには、未来からの視線、未来の他者からの視線を必要とする。それならば、現在のわれわれが未来に視点を投射すればよいのだ。つまり、自らを未来の他者へと自己同一化し、そこから〈過去〉を見返せばよいのである。その未来の他者（に同一化しているわれわれ）にとっての〈過去〉は、われわれのこの「現在」

＊21　もっとも、その後も日本は原発を手放すことはなく、新しく建設こそしなかったが、むしろ原子炉の使用期間を延ばそうとさえしている。二〇二三年の今、再び、原発の全廃は、空想的な要求のように見えている（しかし、たとえば南海大地震が起きた後、この現在を、不発に終わった〈今の時〉として見返すかもしれない）。だが、福島での原発の事故がたいしたインパクトを残さなかったのかというと、そうではない。福島第一原発の事故という破局が叩き出した〈今の時〉の可能性を、ドイツが——事故の現場から遠く離れたドイツが——、現実のものにしたのだ。ドイツ政府は、二〇一一年に、福島での惨事を見て、原発の全廃を決定し、実際——ウクライナ戦争の影響で予定より一年遅れて——今年（二〇二三年）、原発の運転をすべて停止した。

を含んでいる。

これは、政治哲学者ジャン＝ピエール・デュピュイが「賢明な破局論」と呼んでいる方法である。[*22] 私はこれを、「裏返しの終末論」と呼んできた。[*23] なぜ「裏返し」なのか。それは、ヴァーチャルな終末、反事実的な終末を想定するものだからだ。普通、終末論は、当然のことながら、その終末が必ず到来すると予言する。それに対して、裏返しの終末論は、終末として想定されていることは、反事実にならなくてはいけない。それは到来してはならないのだ。通常の終末論が一神教のコンテクストの中で唱えられている。これと対比させるならば、反事実となるべき終末を想定する裏返しの終末論は無神論だということになる。それは、神の予定の拒否であり、結局、「神」の名に値する存在の否定だからだ。

だが、人は、無神論に直接行くことはない。裏返しの終末論は、無神論に行くために、あえて――偽装的に――一神教を通過する。真の無神論に到達するための唯一の道は、実のところ、一神教への回り道しかない。無神論に直行しようとすると、人は必ず、無意識の（神への）信仰に到着してしまう。資本主義こそ、まさにそのような（無意識の）信仰のひとつの姿である。[*24]

裏返しの終末論は、次のような手順である。まず、将来の破局を、避け得ない運命として、つまり必然として前提にしてしまう。単にひとつの可能性として予期するだけでは不十分だ。必ず現実となる必然として前提にすることが、死活的に重要な鍵である。もっとわかりやすく言えば、「破局がきっと起きるだろう」と言っている限りはダメであり、「破局はすでに起きてしまった」と想定しなくてはならない。原発事故が起きるだろうという警告を聞いている段階の世界の見え方と、実際に原発事故が起きてしまったあとの世界の見え方の根本的な違いがポイントだったことを、もう一度思い起こそう。今、われわれが挑戦していることは、この違いを、破局（原発事故）が実際には起きる前に実現できるか、ということである。

もっとも、この想定、破局がすでに起きたとする想定は、決して無理難題ではない。むしろ簡単なことである。なぜなら、人新世の時代の気候変動の結末として、最も普通に起こりそうなこと、もっとも蓋然性の高いことはさまざまな意味での破局だからである。裏返しの終末論への第一のステップは、困難なことではない。

さて、ついで第二のステップとして、起きてしまったと想定された未来の破局の事後へと、

＊22　Jean-Pierre Dupuy, *Pour un catastrophisme éclairé: Quand l'impossible est certain*, Paris: Seuil, 2004.〔邦訳：『ありえないことが現実になるとき――賢明な破局論にむけて』桑田光平、本田貴久訳、ちくま学芸文庫〕

＊23　大澤真幸『「正義」を考える――生きづらさと向き合う社会学』NHK出版新書、二〇一一年。デュピュイの議論に触発されて、「裏返しの終末論」のアイデアを提起したこの著書を私が発表したのは、二〇一一年の初頭であった。私は、この年の三月の上旬に、NHKの「視点・論点」という番組で、「裏返しの終末論」について解説した。この番組が放送されてから三日後に、3・11の大地震が起きた。原発の事故が最初に報じられたのは、さらにその翌日であった。

＊24　だからベンヤミンは、資本主義を宗教である、と述べた。「宗教としての資本主義」。われわれもまた、資本主義が、どのように終末論を――裏返すことなく――活用してきたかを述べてきた。

われわれ自身を投射する。つまり、破局後の時点を自らの立ち位置として採用するのだ。破局が正しく想定されていれば、このとき、われわれは破局を「目撃」し、「知覚」するはずである。なぜなら、破局はもう起きてしまった「事実」（のようなもの）なのだから。そして、その破局を知覚する視線を、そのまま、〈過去〉へと振り向ける。つまり、未来の破局後の視点から、〈過去〉を振り返るのである。その遡及的な眼差しの視野の中には、われわれのこの「現在」が入っているはずだ。

この未来からの遡及的な眼差しは、「現在」に、〈今の時〉を見出すだろう。「現在」に固着していた段階のわれわれは、それをまったく不可能なことと思っていた。しかし、未来の破局後の時点からの遡及的な眼差しは、それは、「現在」においてほんとうは可能なことである、と告げ知らせるはずだ。

もう少していねいに言い換えると、次のようになる。一方では、未来の他者（破局後の未来にいる者）に同一化しているわれわれには、その（起きてしまったと想定された）破局までの過程が、そうなるほかなかった必然のように見えている。しかし他方で、その未来の他者と化したわれわれは、その必然の道のわきに「他なる道」が、その必然の道を偶有化する「他なる道」が、アクチュアルなものとして存在しているのも知覚するのである。ちょうど原発事故が起きてしまったあとから振り返れば、過去にそれを回避するための道が何本かあったことをありありと思い知るのと同じように、である。われわれのこの「現在」に随伴している「他なる道」への分岐点こそが、未来の他者にとっての〈現在〉からの遡及的な視線が見出す〈今の時〉である。

この「他なる道」をとれば、破局は回避されるだろう。

　このように、破局はまさに避けえない運命として前提にされたとき、かえってそれを避けることが可能になる。普通の終末論は、まさにその終末に到達することは不可避であるとする。そして終末は、少なくとも一部の人にとってはユートピアである。それに対して、裏返しの終末論は、必然として前提にされた終末をまさに回避することを目指す。このとき前提にされる終末は、トータルな破局であり、すべての人にとってのディストピアである。

＊

　スラヴォイ・ジジェクは、エルンスト・ルビッチ監督の映画『ニノチカ』（一九三九年）のある場面を繰り返し参照しながら、その哲学的な意味を論じている[*25]。それが、われわれのここでの議論の意味を解説するのに使えるので、借用することにしよう。

　この映画はコメディで、主演のグレタ・ガルボが大笑いするシーンがあることで有名だ。ジジェクが注目しているのは、次のようなエピソードである。紳士が、レストランでコーヒーを注文する。「クリーム抜きのコーヒー（a cup of coffee without cream）を！」。するとウェイターが答える。「申し訳ございません。当店にはクリームは置いてないのです。ミルク抜きのコーヒー（a

＊25　例えば以下を参照。Slavoj Žižek, *Hegel in a Wired Brain*, London, New York: Bloomsbury Academic, 2020, pp.101-105.

cup of coffee without milk）ならばお出しできますが」と。

もちろん、「クリーム抜きのコーヒー」も「ミルク抜きのコーヒー」も、さらに付け加えれば、ただの「プレイン・コーヒー（ブラック・コーヒー）」も、マテリアルなレベルではまったく同じである。しかし、これらの三つの間には、存在の仕方に関して根本的な違いがある、というのがジジェクの論点である。何が違うのか。マテリアルな現実にともなうヴァーチャルな次元が異なっているのだ。そのために、三つの間には様相（可能性、必然性、現実性など）の差異が生ずる。どういうことか。

「クリーム抜きのコーヒー」として現れているときには、そのコーヒーには「クリーム入りのコーヒー（coffee with cream）」がヴァーチャルな次元に随伴している。要するに、「クリーム抜きのコーヒー」は、「クリーム入りのコーヒー」も（選択）可能だったという含意をともなってここに立ち現れているのだ。クリームを入れることも可能だったのに、あえてクリームを抜いた、というわけだ。他のコーヒーの選択においては、「クリーム入りのコーヒー」は可能だったことして、視野に入っていなかった。「それ」が生起するにあたって、否定されることになったヴァーチャルな次元が、それぞれのコーヒーごとに異なっているのだ。

裏返しの終末論は、われわれのこの「現在」に、“without”を挿入するための操作であると見ることができる。われわれの「現在」は、直接的には「プレイン・コーヒー」に見えている。ただこれだけが可能なことのように受け取られているのだ。この同じコーヒーが、「クリーム抜きのコーヒー（coffee without cream）」として現れたとき、アクチュアルには同じものに留まりつつ、別の可能性がヴァーチャルな次元に付加される。コーヒーにクリームを入れること（coffee with cream）も十分に現実化しうる選択肢と見えてくるのだ。

3　感光板上のイメージのように

裏返しの終末論が開示するわれわれの「現在」の選択肢をとることは――〈今の時〉を選ぶことは――、V-2の最後に述べた二つの条件、（P）と（F）をともに満たしている。（P）は、現在をコンサマトリーに享受することであり、（F）は、未来にもたらす結果との関係で現在を意味づける態度であった。両者は矛盾しており、両立しえないように見えていた。

裏返しの終末論に基づく選択が（F）の条件を満たしていることは、明らかであろう。それは、未来の他者の視点を前提にして導入されたものなのだから。重要なことは、それが（P）の条件も満たしている、ということに気づくことだ。

たとえば、原発事故が起きてしまったとき、現在のわれわれは、無謀にもこんなところに原発を造った半世紀前の人たちを恨みもしただろう。だが半世紀前の人たちは、まさか半世紀後に大規模な事故が起きるとは思っていなかったのだ。事故が起きるとわかっていたら、彼らも原発を誘致はしなかっただろう。たとえ、その事故が、自分たちが死んだあとのことであったとしても、である。彼らは「天国」で――彼らに死後の生があったとしたら――、「半世紀後に子孫が悲惨な原発事故を経験するのならば、私たちは原発を絶対に建設しなかったのに」と心底から悔やんでいるに違いない。

　裏返しの終末論に基づく選択は、次のような構造をもっている。「未来の他者がC（破局）を経験することになるのであったならば、私は、〔その破局Cにつながる〕x＝（coffee without cream）ではなく、y＝（coffee with cream）を選ぶ」。このとき私は、ほんとうはxを選びたいのに、仕方なくyを選択した、ということなのだろうか。私の直接の欲望はxの方にあった、と見なすべきなのだろうか。そうではない！

　私は、未来の他者の欲していること、未来の他者の幸福／不幸に反応せざるをえないのだ。ここにあるのは、野本三吉の「福祉は衝動だ」と同じ種類の衝動である。類いまれな善意や突出した正義感などなくても、困っている人を助けずにはいられない。これと同じように、われわれは、未来の他者が感じるであろう苦難や幸福に感応せざるをえない。そうだとすれば、私（たち）は、直接の衝動としても、ほんとうは（xではなく）yを欲していたと見なすべきである。私をyへと駆り立てている欲動は、完全にコンサマトリーなものである。

　どうしてこうなるのか。つまり、どうしてわれわれは未来の他者の苦しみや歓びを知ってしまったときに、それに反応せざるをえないのか。それは、われわれがはじめから、無意識のうちに、未来の他者の視点を前提にして、それを繰り込むかたちで欲望を形成しているからである。裏返しの終末論は、その潜在的・即自的な他者の視点を対自化する方法である。この点について示唆的なことを語っているのは、またしてもベンヤミンである。彼は歴史を、テクストに喩えることができる、としながら次のように論じている。

もし歴史をひとつのテクストと見なす気さえあれば、現代の著者たちが文学テクストについて述べていることを、歴史についても言うことができる。過去は、歴史というテクストの中に、感光板上の保持されているイメージに喩えられるようなイメージを留めている。「未来だけが、写真をその細部にいたるまで見えるようにする十分に強い現像液を処理することができる。マリヴォーやルソーのテクストの少なからぬところに、彼らの同時代人が完全には解読できなかった意味が自己主張している。」*26

マリヴォーは、十八世紀の劇作家で、ルソーよりも一世代ほど年長である。二人とも、自覚することなく、未来の他者を前提にして書いていた、というわけだ。未来の他者を明示的に導入したとき、はじめて、そこに書いていることの意味が明確になる。ちょうど感光板上のイメージが、現像液によってきれいに細部まで見えるようになるのと同じように、である。裏返しの終末論の未来の他者の視点を媒介にして浮上するわれわれの欲望も、感光板上のイメージに類比できるようなかたちで最初から存在しており、本源的なものである。感光板にはじめからイメージが置かれていなければ、現像液を使っても、写真が現れることはない。

---

*26 Walter Benjamin, *Gesammelte Schriften I*, Frankfurt: Shurkamp, 1974, p.1238.

4 〈人間はなお荘厳である〉

最後に、〈人間はなお荘厳である〉という石牟礼道子の言葉に対する見田宗介の解釈を紹介しておこう。*27 これは、水俣病公式確認三十年後にあたる一九八六年に、その現況を特集した『思想の科学』の臨時増刊号に石牟礼が寄せた文章の中にある言葉である。〈荘厳する〉とは、仏教の言葉で「花を飾る」という意味である。この語は、本来、死者に花を飾るときに使われる。ここから、見田は、〈人間はなお荘厳である〉と書くとき、石牟礼は〈人間〉をすでに死んだものとして感覚しているはずだ、と述べる。

〔〈荘厳する〉という言葉の日本の仏教界での用法を石牟礼が知らないはずがないと述べたあと〕と、するとこれは相当ものすごいことになってくる。石牟礼はどこかで〈人間〉を、もう死んだものとして感覚している。あるいは、いつ死んでもおかしくないものとして感覚している。

〔中略〕

「人間の上を流れる時間のことも、地質学の時間のようにいつかは眺められる日がくるのだろうか。」このように書き出されている文章のなかに〈人間はなお荘厳である〉、という視覚は置かれる。

〈人間〉の現在の荘厳さは、人間が滅亡したあとの未来の他者の視点を媒介にしたとき、言い換えれば、人間の歴史の全体を地質学の時間のように眺める観点に対して、明確に立ち現れるのである。これこそ、（P）と（F）との、真の弁証法的な総合でなくて何であろうか。

＊27　見田宗介『白いお城と花咲く野原――現代日本の思想の全景』河出書房新社、二〇一三年、二四〇ページ。

大澤真幸＝一九五八年生まれ。社会学。個人思想誌「THINKING「O」」主宰。『ナショナリズムの由来』で毎日出版文化賞を受賞。『自由という牢獄』で河合隼雄学芸賞を受賞。ほかの著書に世界史の謎を読み解いた『〈世界史〉の哲学』「古代篇」「中世篇」「東洋篇」「イスラーム篇」「近世篇」「近代篇1」「近代篇2」のほか、『不可能性の時代』『〈自由〉の条件』『生権力の思想』『可能なる革命』『三島由紀夫 ふたつの謎』『社会学史』『経済の起源』『この世界の問い方』『資本主義の〈その先〉へ』など。共著に『ふしぎなキリスト教』『二千年紀の社会と思想』『憲法の条件』『げんきな日本論』『理想の国へ』『おどろきのウクライナ』など。

大澤真幸 THINKING オー 019

未来のための終末論

二〇二三年七月十日　第一刷発行

著者　大澤真幸
ゲスト　斎藤幸平
発行者　小柳学
発行所　株式会社左右社
〒一五一-〇〇五一　東京都渋谷区千駄ヶ谷三-五五-一二
TEL 〇三-五七八六-六〇三〇　FAX 〇三-五七八六-六〇三二
https://www.sayusha.com
装幀　松田行正＋杉本聖士
印刷　中央精版印刷株式会社
 ISBN978-4-86528-375-4

大澤真幸 THINKING「O」 既刊

014 〈わたし〉と〈みんな〉の社会学
ゲスト 見田宗介／真木悠介
定価 本体一四五〇円＋税 2017.4

015 今という驚きを考えたことがありますか
ゲスト 永井均
定価 本体一三五〇円＋税 2018.6

016 コロナ時代の哲学
ゲスト 國分功一郎
定価 本体一三〇〇円＋税 2020.7

017 〈女〉としての天皇
ゲスト 本郷和人
定価 本体一五〇〇円＋税 2021.2

018 ブルシット・ジョブと現代思想
ゲスト 千葉雅也
定価 本体一五〇〇円＋税 2022.5